Anti-SPAM

Ein Leitfaden über und gegen unverlangte E-Mail-Werbung

Hessen-Media Band 55

2. Auflage

Sven Karge
Frank Ackermann
Ivo Ivanov

Hessisches Ministerium für Wirtschaft, Verkehr und Landesentwicklung

HA Hessen Agentur GmbH
Hessen-IT
Abraham-Lincoln-Straße 38-42
65189 Wiesbaden

Telefon 0611 774-8481
Telefax 0611 774-8620
E-Mail info@hessen-it.de
Internet www.hessen-it.de

eco – Verband der
deutschen Internetwirtschaft e. V.
Lichtstraße 43h
50825 Köln

Telefon 0221 700048-0
Telefax 0221 700048-11
E-Mail info@eco.de
Internet www.eco.de

Redaktionsteam:
Sven Karge
Frank Ackermann
Ivo Ivanov
Harald A. Summa
Gabriele Gottschalk
Wolf-Martin Ahrend
Christian Flory

in Zusammenarbeit mit Hessen-IT

Layout / Satz: WerbeAtelier Theißen, Lohfelden
Druck: Werbedruck Schreckhase, Spangenberg

Alle Bilder erscheinen mit freundlicher
Genehmigung der genannten Quellen.

ISBN 978-3-939358-55-8

Bibliografische Informationen der Deutschen
Bibliothek: Die Deutsche Bibliothek verzeichnet
diese Publikation in der Deutschen Nationalbi-
bliografie; detaillierte bibliografische Daten sind
im Internet über http://dnb.ddb.de abrufbar.

Die E-Mail ist zu einem der wichtigsten Kommunikationsmittel unserer Zeit geworden. Die Gründe des Erfolges liegen auf der Hand: Es sind Schnelligkeit und minimale Kosten für einen weltweiten Austausch von Informationen. Aber genau diese Vorteile haben auch so genannte Spam-Mail-Versender für sich entdeckt und verschicken massenhaft unverlangte Werbe-Mails. Durch diese Art von störenden Mails ensteht mittlerweile beträchtlicher wirtschaftlicher Schaden und allzu oft gehen wichtige Informationen in der Mail-Flut unter.

Die Ihnen vorliegende Veröffentlichung zeigt die Rechtslage zum Thema Spam auf und stellt Maßnahmen dar, wie man sich vor der Zusendung unverlangter Spam-Mails schützen kann. Mit präventivem Schutz – also bereits im Vorfeld – kann viel erreicht werden, beispielsweise mit dem sensiblen Umgang mit der eigenen E-Mail-Adresse oder dem Einsatz von technischen Mitteln wie Spam-Filtern. Wenn alle anderen Mittel keine Wirkung mehr zeigen, bleibt jedoch nur ein Beschwerde- bzw. Rechtsverfahren.

Darüber hinaus wollen wir Ihnen aber auch die positiven Seiten der Mailkommunikation zeigen und erklären, wie rechtskonformes, vom Empfänger akzeptiertes Marketing aussehen kann.

Ich würde mich sehr freuen, wenn wir Ihnen mit dieser Veröffentlichung – die von Experten des eco (Verband der Internetbranche e.V.) erarbeitet wurde – einige interessante Hinweise geben und auf diesem Wege dazu beitragen könnten, unverlangte E-Mail-Werbung von Ihrem E-Mail-Postfach fern zu halten. Für Detailfragen steht Ihnen auch das Team der Aktionslinie Hessen-IT gerne zur Verfügung.

Alois Rhiel

Dr. Alois Rhiel, Hessischer Minister für
Wirtschaft, Verkehr und Landesentwicklung

Anti-SPAM

Ein Leitfaden über und gegen unverlangte E-Mail-Werbung

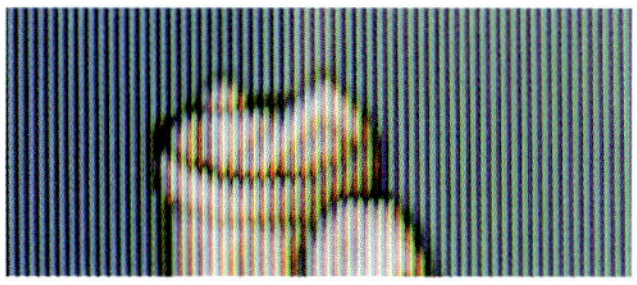

Schriftenreihe Hessen-Media: Neuerscheinungen

2007

In modernen Märkten überleben – Kooperationen mittelständischer Softwareunternehmen in Hessen

Web 2.0 – Neue erfolgreiche Kommunikationsstrategien für kleine und mittlere Unternehmen

Die Gamesbranche – ein ernstzunehmender Wachstumsmarkt

2006

IKT-Markt in Hessen

Internet-Marketing nicht nur für kleine und mittlere Unternehmen

Basel II – Rating für IT-Unternehmen

RFID – Geschäftsprozesse mit Funktechnologie unterstützen

Anti-Spam – Ein Leitfaden über und gegen unverlangte E-Mail-Werbung

VoIP – Telefonieren über das Internet

Leitfaden Webdesign – Internetpräsenzen besser planen und gestalten

Hessen Media

Die komplette Schriftenreihe finden Sie im Anhang oder im Internet unter **www.hessen-media.de** (Bestellmöglichkeit und Download als PDF-Datei)

Einleitung

Dieser Leitfaden befasst sich mit der Geschichte, den Definitionen und Voraussetzungen sowie den Möglichkeiten zur Vermeidung bzw. Bekämpfung der massenhaften Versendung unverlangter E-Mail-Werbung (sog. Spam-Mails) und richtet sich primär an Unternehmer, ist aber sicher auch für den professionellen Privatnutzer lesenswert.

Jeder, der einen E-Mail-Zugang hat, kennt die Werbe-E-Mails für Wunderdiäten, Körperteilverlängerungen, günstige Kredite und pornographische Websites.

Das Internet bietet nicht nur vielfältige Nutzungsmöglichkeiten für rechtmäßige kommerzielle Zwecke, sondern eröffnet aufgrund der Globalität des Mediums und des internationalen Rechtsrahmens leider auch Missbrauchsmöglichkeiten. Unverlangt zugesendete elektronische Werbung ist dabei einer der Hauptmissbrauchsfälle.

Dabei existiert für den Werbenden kaum eine einfachere und kostengünstigere Möglichkeit als das massenhafte Versenden von Werbe-E-Mails an hunderttausende Empfänger gleichzeitig. Die Werbung per E-Mail ermöglicht dem Werbenden vor allem eine kostengünstige, selektive und interaktive Ansprache des Empfängers. Mit noch weitaus geringerem Zeit- und Kostenaufwand ist es für den (unlauter) arbeitenden Werbetreibenden verbunden, wenn er sich den Aufwand für den Erhalt der vorherigen Einwilligung (Opt-in) spart und unverlangt massenhaft Werbe-E-Mails versendet, also spammt.

Durch die Versendung auf der einen und den Empfang auf der anderen Seite von Werbe-E-Mails im größeren Umfang entstehen dem Nutzer zusätzliche Download-Kosten, bei Firmen-Mail-Accounts entsteht dem Arbeitgeber darüber hinaus ein Schaden in Form der für das Löschen der Werbung aufzuwendenden Arbeitszeit. Daneben führen unverlangt, massenhaft versandte Werbe-E-Mails zu überquellenden Mailboxen, die eine Erschöpfung der Speicherkapazität verursachen können mit der ungewollten Folge, dass erwünschte E-Mails nicht mehr zum Empfänger gelangen können. Spam-E-Mails blockieren aber nicht nur die persönliche Mailbox des Empfängers und die Server der Provider, sie belasten auch das gesamte Netzwerk. Gemäß der Organisation EuroISPA – dem europäischen Dachverband der Internet Service Provider – hat Spam die folgenden Wirkungen auf Provider: Zeitverlust, höhere Betriebskosten, Verlust von Bandbreite und die hieraus resultierenden Kosten, Beeinträchtigungen der Betriebsanlagen, Verlust von Kunden sowie den Vertrauensverlust der Kunden in das Medium. Technische Präventionsmaßnahmen wie der Einsatz von Filtertechnologien sind kostspielig und aufgrund einer nicht auszuschließenden Fehlerträchtigkeit nur bedingt erfolgreich. Hinzu kommt, dass Spam-E-Mails in zunehmendem Maß für kriminelle Aktivitäten eingesetzt werden, wie z. B. den Versand von kinderpornographischen Inhalten oder das Ausspähen von Bank-Geheimzahlen (so genannte Phishing-E-Mails).

Auch die Kommunikation per Handy ist von unverlangten Nachrichten bzw. Anrufen betroffen, einerseits durch verstärkten Einsatz von Mobile Marketing zur Marktforschung, andererseits durch unerwünschte SMS. Dieser Praxisleitfaden beschränkt sich jedoch auf die Kommunikation über das Internet mit dem Schwerpunkt E-Mail. Die Verständigung über das Internet findet auch zunehmend als Telefonie über das Voice over Internet Protocol (VoIP) statt. Auch diese Form ist von rechtswidrigen Werbebotschaften („SPIT" – Spam über Internet-Telefonie) betroffen, wenn auch weitaus nicht in dem Maße verbreitet wie im Bereich E-Mail. Die Belästigung, die – einmal begonnen – zu jeder Tages- und Nachtzeit stattfinden kann, erreicht hier eine neue Dimension. Ihr kann zur Zeit weitgehend effektiv nur mit Filterprogrammen begegnet werden, wie sie z. Zt. etwa von der Hamburger Firma PanAmp oder vom US-Konzern Qovia angeboten werden. Ebenso wie im Bereich des SMS-Spammings hilft auch eine Benachrichtigung des eigenen Anbieters, eine bestimmte Werbebotschaft dem Bereich Spam zuzuordnen und in der später bereits vor dem Aufbau der Verbindung als solche zu erkennen. SMS-Spam sollte darüber hinaus auch stets der Beschwerdestelle der Bundesnetzagentur unter **rufnummernspam@bnetza.de** oder per Telefax unter 06321 934-111 gemeldet werden. Der Inhalt von LCD-Displays, wie sie zumeist noch in älteren Mobiltelefonen zu finden sind, kann zur Beweissicherung auch fotokopiert werden.

1 Allgemeines

1.1 Geschichte

Eine der ersten Anwendungen, welche die Möglichkeiten des Internets nutzte, war die elektronische Post (E-Mail). Sie wurde nicht gezielt geplant, sondern eroberte das Netzwerk auf Grund des Benutzerverhaltens. Dies überraschte selbst die Internet-Initiatoren, denn noch 1967 hatte Lawrence Roberts, der spätere Leiter der entsprechenden Entwicklungsabteilung des US-Militärs, gesagt, die Möglichkeit des Austausches von Botschaften unter den Netzwerkteilnehmern sei „not an important motivation for a network of scientific computers" (dt.: „unwichtig in einem Netzwerk wissenschaftlicher Rechner").

Es gilt auch als äußerst unwahrscheinlich, dass der Computertechniker Ray Tomlinson, der mit den von ihm entwickelten Programme „SNDMSG" und „READMAIL" als Erfinder der elektronischen Post gilt, sich bei den Piониertests im Jahr 1971 hätte vorstellen können, dass das junge Kommunikations-Medium bereits zu Beginn des 21. Jahrhunderts sich nicht nur zu einem der populärsten und verbreitetsten Mittel des Informationenaustauschs entwickeln, sondern auch auf massivste Art und Weise zum Versenden von unerwünschter Werbung - bekannt als Spam - missbraucht werden würde.

Die Geschichte des Begriffes „Spam" beginnt eigentlich im US-Bundesstaat Minnesota im Jahr 1937. In Zeiten wirtschaftlicher Not und sozialer Probleme bringt der amerikanische Konzern Hormel Food Corporation ein neues Dosenfleisch auf den Markt. Sein Markenname: SPAM - kurz für „Shoulder of Pork and Ham". Bis heute wäre das Wort „Spam" als Spiced ham in die Geschichte gegangen, hätte nicht im Jahre 1970 die englische Komikertruppe des Monty Python's Flying Circus diesen Namen in einem Sketch für sich entdeckt. Darin tritt ein Chor von Wikingern auf, der durch ein anschwellendes „Spam, Spam, Spam" jede Konversation übertönt - so wie die unerwünschten Werbebotschaften den normalen Nachrichtenaustausch im Netz überlagern.

Als Geburtsstunde des Versandes von Spam-Mails wird der 12. April 1994 zitiert. An diesem Tag schrieb der US-Anwalt Laurence Canter ein kleines Computerprogramm, um das Geschäft seiner Kanzlei anzukurbeln. Das Programm bombardierte die Nachrichtenforen des damals noch jungen Netzes mit Werbung für seine Kanzlei. Schockiert vom ungewohnten Kommerz antwortete ein Nutzer: „Schickt Kokosnüsse und Spam an Canter & Co."

Das was im Jahre 1994 als eine Geschmacklosigkeit empfunden wurde, stellt heute eine ernsthafte Bedrohung für Kommunikationskapazitäten und das Image des vielleicht innovativsten Kommunikationsmittels der neuen Zeit, der „E-Mail", dar.

1.2 Definition von Spam

Man kann zusammenfassend feststellen, dass der massenhafte Versand von unverlangten Werbe-E-Mails heutzutage länder- und branchenübergreifend als äußerst belästigend und störend empfunden wird. Dies deuten auch die unterschiedlichen Bezeichnungen für Werbe-E-Mails an. Dazu zählen solche wie Junk-Mail, Unsolicited Commercial E-Mail (UCE), Unsolicited Bulk E-Mail (UBE) sowie „Cold E-Mail".

UCE bedeutet „**Unsolicited Commercial E-Mail**" und bezeichnet damit Mails, die unverlangt oder außerhalb bestehender Geschäftsbeziehungen zugesandt werden und einen kommerziellen, werbenden Charakter haben.

UBE bedeutet „**Unsolicited Bulk E-Mail**" und bezeichnet Mails, die unverlangt in Masse zugesandt werden und nicht notwendig kommerziellen Charakter aufweisen.

Am populärsten ist jedoch sicherlich die Bezeichnung „**Spam**". Nach dem Verständnis dieses Praxisleitfadens wird „Spam" wie folgt definiert:

> ***Eine unverlangt bzw. gegen den Willen des Empfängers zugesandte E-Mail außerhalb von bestehenden persönlichen oder geschäftlichen Beziehungen.***

1.3 Zahlen und Fakten

Einer Schätzung der Europäischen Kommission vom 22. Januar 2004 zufolge bestehen mittlerweile über 50 Prozent des weltweiten E-Mail-Aufkommens aus SPAM. Nach einer Statistik des Filterherstellers Brightmail / Symantec belief sich der weltweite Anteil von Spam im Juni 2004 auf 65 Prozent. Laut einer Prognose der Anti-Spam-Organisation Spamhaus soll der Spam-Anteil im Jahr 2006 bis zu 95 Prozent am Gesamtaufkommen betragen. Die durch Spam verursachten Produktivitätsverluste bei Unternehmen im Europäischen Wirtschaftsraum beliefen sich nach Angaben der Europäischen Kommission im Jahre 2002 auf 2,5 Milliarden EUR. Allein Microsoft blockt nach eigenen Angaben täglich 3,2 Milliarden Spam-E-Mails an Hotmail-Accounts.

2 Spamversand - Basiswissen

2.1 Wie Spammer an die E-Mail-Adressen gelangen

Um an E-Mail-Adressen zu gelangen, die dann für die rechtswidrige Versendung von Werbemails genutzt werden, finden immer wieder die gleichen Methoden Anwendung:

In den meisten Fällen bekommt der Besitzer der E-Mail-Adresse von der Erhebung, der initialen Aufnahme seiner personenbezogenen Daten in die Datenbank des Spammers, nichts mit. Seine Adresse wird - zumeist automatisiert durch sog. Harvester (Ernter)-Programme - im Internet ausgelesen („geerntet"), also auf Internet-Präsenzen, in Newsgroups oder in Chats, aber auch aus Adressbüchern von E-Mail-Clients kann sie durch Viren-infizierte Rechner an den Spammer gelangen.

Sehr verbreitet ist jedoch auch die rechtswidrige Verwendung zunächst rechtmäßig erhobener Daten. Beispiele sind die Übermittlung von personenbezogenen Daten an Dritte ohne entsprechenden Rechtfertigungsgrund (Vermietung von E-Mail-Adressen zur werblichen Nutzung, Weitergabe der Daten an „Partnerunternehmen", etc.), oder die zweckfremde Verwendung personenbezogener Daten (etwa durch werbliche Verwendung von ausschließlich bspw. zum Zwecke der Teilnahme an einem Gewinnspiel oder zum Abschluss eines Vertrages erhobener Daten), aber auch die von einer vermeintlichen Einwilligung gedeckte werbliche Verwendung von E-Mail-Adressen (versteckte Zustimmung des Betroffenen zur werblichen Verwendung seiner Daten in Allgemeinen Geschäftbedingungen oder in Teilnahmebedingungen, oder eine durch „Abpressen" eingeholte Einwilligung als einzige Bedingung für die Erlangung eines wirtschaftlichen Vorteils für den Betroffenen).

2.2 Wie wird Spam verbreitet: Open Relays, Proxies, Spam-Server etc.

Die Versendung des Werbemülls findet dann selten über einen auf die Person oder das Unternehmen des Spammers registrierten Server statt. Teilweise werden auch fremde Resourcen in Form eines für Dritte zugänglichen Servers genutzt. Ein solcher E-Mail-Server nimmt nicht nur für einen bestimmten Adressbereich E-Mails entgegen und verteilt sie. Er leitet vielmehr E-Mails jeder beliebigen Adresse ohne Authentifizierung weiter (sog. Open Relay oder Open Proxy Server). Eine weitere Variante der Nutzung eines „fremden" Servers ist die Versendung über den Provider eines infizierten, sozusagen ferngesteuerten Rechners. In Ländern, in denen die Rechtsverfolgung von Spamming sich sehr schwierig gestaltet, werden oft auch Spam-Server genutzt, deren Betreiber sich - zumeist gegen ein erhöhtes Entgelt - beschwerderesistent geben (sog. „bulletproof" Server).

3 Die Rechtslage im Allgemeinen

In Deutschland, der EU, den USA, Australien sowie in vielen anderen Ländern der Welt wurden in den letzten Jahren die rechtlichen Grundlagen für Sanktionen gegen den Versand von Spam-E-Mails geschaffen. Diese Grundlagen unterscheiden sich jedoch sowohl hinsichtlich der jeweiligen Voraussetzungen als auch der Rechtsfolgen teilweise erheblich voneinander. Die Unterschiede beruhen auf den Ausprägungen zweier Grundprinzipien: „Opt-IN" und „Opt-OUT".

Nach dem „**Opt-IN-Verfahren**" ist die Versendung von E-Mail-Werbung nur nach vorheriger Zustimmung des Empfängers zulässig. Der Empfänger trägt sich für den Erhalt von Werbe-E-Mails beim Absender in eine Liste ein. Er erhält dann auf eigenen Wunsch Werbung. Deswegen - „IN" im Sinne von Eintragen.

Im Gegensatz dazu wird der Empfänger beim „**Opt-OUT-Prinzip**" nicht im Vorfeld des Versandes gefragt, ob er Werbung erhalten möchte. Ihm wird lediglich die Möglichkeit gegeben, sich nachträglich, also nach Erhalt der Werbe-E-Mail, aus der Verteilerliste des Absenders entfernen zu lassen, wenn er keine weitere Werbung wünscht. Deswegen - „OUT" im Sinne von Austragen.

3.1 Die Rechtslage nach EU-Recht

Der EU-Gesetzgeber hat sich für das „Opt-IN-Prinzip" entschieden. Der Versand von E-Mail-Werbung ist also nur nach vorheriger Einwilligung des Empfängers zulässig. Dies kommt unmissverständlich in Art. 13 Abs. 1 der Datenschutzrichtlinie 2002/58/EG zum Ausdruck.

Darüber hinaus dürfen gemäß Art. 13 Abs. 2 der Datenschutzrichtlinie keinesfalls solche Werbe-E-Mails versendet werden, bei denen die Identität des Absenders, in dessen Auftrag die Nachricht übermittelt wird, verschleiert oder verheimlicht wird, oder die keine gültige Adresse enthalten, an die der Empfänger eine Aufforderung zur Einstellung solcher Nachrichten richten kann.

Nach Art. 13 Abs. 5 Satz 1 der Richtlinie gelten die vorstehenden Grundsätze unmittelbar nur für Empfänger, die natürliche Personen sind. Jedoch ordnet Art. 13 Abs. 5 Satz 2 an, dass die berechtigten Interessen anderer Teilnehmer als natürlicher Personen in Bezug auf unerbetene E-Mail-Werbung ausreichend geschützt werden. Der deutsche Gesetzgeber hat - wie nachfolgend dargestellt - davon Gebrauch gemacht und die Regelungen des Art. 13 der Datenschutzrichtlinie auf alle Marktteilnehmer, insbesondere also auch auf Unternehmer als Werbeadressaten, erstreckt.

Nach Art. 13 Abs. 2 der Richtlinie gelten für bestehende Geschäftsbeziehungen besondere Regelungen, die der deutsche Gesetzgeber ebenfalls berücksichtigt hat (vgl. ausführlicher dazu die Ausführungen unter 3.2.3).

Nahezu alle EU-Länder haben bereits die Anti-Spam-Bestimmungen der Datenschutzrichtlinie ins nationale Recht umgesetzt bzw. stehen unmittelbar davor, die entsprechenden Gesetzgebungsverfahren zu beenden.

Darüber hinaus haben 14 Mitgliedsstaaten der EU ein Verfahren zum Austausch von Beschwerden über Spam-E-Mails offiziell akzeptiert. Das im Dezember 2004 im Rahmen der Arbeit des Contact Network of Spam Authorities (CNSA) verabschiedete Verfahren wird die grenzübergreifende Verfolgung von Versendern von Spam-E-Mails erleichtern. Es fordert die nationalen Behörden auf, Beschwerden wegen unerwünschter Werbe-Mails, die von den europäischen Kollegen an sie weitergereicht werden, entsprechend ihrem jeweiligen nationalen Recht zu verfolgen. Mit von der Partie sind Deutschland, Österreich, Belgien, Zypern, Tschechien, Dänemark, Frankreich, Griechenland, Irland, Italien, Litauen, Malta, die Niederlande, Spanien und seit neuestem Großbritannien. Auf deutscher Seite wurden vom zuständigen Bundesministerium für Wirtschaft und Technologie zwei Kontaktstellen für Beschwerden angemeldet, nämlich der eco - Verband der deutschen Internetwirtschaft e.V. (**www.eco.de**) sowie für Rufnummern-Spam die Bundesnetzagentur für Elektrizität, Gas, Telekommunikation, Post und Eisenbahnen, (BNetzA, **www.bundesnetzagentur.de**) als Nachfolgerin der Regulierungsbehörde für Telekommunikation und Post.

Mehr Informationen zum CNSA-Netzwerk finden sich auf den Internetseiten der europäischen Kommission unter (**http://europa.eu.int/rapid/pressReleasesAction.do?reference=IP/05/146&format=HTML&aged=0&language=DE&guiLanguage=de**)

3.2 Die Rechtslage in Deutschland

Das Versenden von Werbe-E-Mails ohne die vorherige Einwilligung des Empfängers ist in Deutschland grundsätzlich rechtswidrig (OPT-IN-Prinzip). Es stellt – nach mittlerweile gefestigter Rechtsprechung – einen Eingriff in die Privatsphäre bei natürlichen Personen und bei Gewerbetreibenden einen Eingriff in den eingerichteten und ausgeübten Gewerbebetrieb dar. Dem Empfänger einer Spam-Mail steht demnach gemäß §§ 823 Abs. 1, 1004 BGB analog ein Unterlassungs- und ggf. auch einen Schadensersatzanspruch gegen den Versender zu.

Im Rahmen der im Juli 2004 in Kraft getretenen Novellierung des Gesetzes gegen den unlauteren Wettbewerb (UWG) hat der Gesetzgeber in Umsetzung von Art. 13 Abs. 1 der EU-Datenschutzrichtlinie 2002/58/EG auch die Wettbewerbswidrigkeit von Spam-Werbung unmissverständlich zum Ausdruck gebracht. Nach § 7 Abs. 2 Nr. 3 UWG stellt die Werbung per E-Mail ohne die vorherige Einwilligung des Adressaten eine unzumutbare Belästigung dar und ist demzufolge unzulässig. Dies gilt unabhängig davon, ob der Empfänger eine Privatperson oder ein Gewerbetreibender ist. Das vermutete Einverständnis des Empfängers im Rahmen einer bestehenden Kundenbeziehung bzw. bei Gleichartigkeit des beworbenen Produkts und des Tätigkeitsfeldes des Empfängers, wie es als Rechtfertigungsgrund vor Inkrafttreten des neuen UWG bestand, ist nunmehr nicht mehr von Bedeutung. Für die E-Mail-Werbung bei bestehenden Geschäftsbeziehungen enthält § 7 Abs. 3 UWG eine Ausnahmeregelung.

Die nachfolgenden Ausführungen sollen detaillierter aufzeigen, unter welchen Voraussetzungen eine Werbe-E-Mail rechtmäßig ist und was für Folgen die entsprechenden Verstöße nach sich ziehen können.

1 Allgemeine Voraussetzungen für den Versand rechtmäßiger E-Mails

§ 7 Abs. 2 Nr. 3 UWG verkörpert in Umsetzung von Art. 13 der EU-Datenschutzrichtlinie 2002/58/EG das „Opt-IN-Prinzip". Demnach stellt das Versenden von Werbe-E-Mails ohne die vorherige Einwilligung des Adressaten eine unzumutbare Belästigung dar, die gemäß § 3 UWG unlauter ist. Dies gilt unabhängig davon, ob der Empfänger ein Verbraucher oder ein Unternehmer ist. Entscheidend in diesem Zusammenhang ist also die Frage, wann vom Vorliegen einer entsprechenden Einwilligung des Empfängers auszugehen ist.

Einwilligung

→ vorherige

Die Einwilligung im Sinne des § 7 Abs. 2 Nr. 3 UWG erfasst nur die vorherige Zustimmung. Dem entsprechend kann im Rahmen von Abs. 2 Nr. 3 nur eine Einwilligung vor dem Versand der Werbe-E-Mail die Wettbewerbswidrigkeit entfallen lassen.

→ ausdrücklich oder konkludent

Die Einwilligung kann ausdrücklich oder konkludent erteilt werden. Danach kann die Einwilligung in jeder geeigneten Weise gegeben werden, wonach der Wunsch des Nutzers in einer spezifischen Angabe zum Ausdruck kommt, die in Kenntnis der Sachlage, für den konkreten Fall und in freier Entscheidung erfolgt. Eine „Generaleinwilligung" gegenüber jedermann ist daher nicht möglich.

Die Weitergabe einer E-Mail-Adresse im Rahmen eines Werbetelefonats kann z. B. eine konkludente Einwilligung des Adressaten in die Übermittlung von Werbe-E-Mails darstellen. In der Schaltung von Werbeanzeigen unter Angabe der E-Mail-Adresse liegt hingegen keine, auch nicht konkludente Einwilligung, da sich der werbende Unternehmer hiermit nur an seine eigenen Kunden richtet. Keine Einwilligung stellt auch die bloße Bekanntgabe der E-Mail-Adresse in öffentlichen Verzeichnissen, auf einer Website oder auf Briefköpfen, Visitenkarten und dergleichen dar.

Eine mutmaßliche Einwilligung, die vor Inkrafttreten des § 7 UWG als zulässig galt, reicht hingegen **nicht** mehr aus.

→ freiwillig

Schließlich muss die Einwilligung auch **freiwillig** erteilt worden sein. Die Einwilligung ist gemäß § 4a Abs. 1 Satz 1 des Bundesdatenschutzgesetzes (BDSG) bzw. in § 3 Abs. 4 des Gesetzes über den Datenschutz bei Telediensten (Teledienstedatenschutzgesetz - TDDSG) oder § 95 Abs. 1 des Telekommunikationsgesetzes (TKG) nur dann wirksam, wenn sie auf der freien Entscheidung des Einwilligenden beruht. Auf der freien Entscheidung beruht die Einwilligung dann nicht, wenn sie zur Ausnutzung einer wirtschaftlichen Machtposition „abgepresst" wurde. Das so genannte Kopplungsverbot soll nämlich die freie und eigenständige Willensbetätigung des Nutzers bei der Einwilligung stützen und somit verhindern, dass aus dem Wunsch zur Nutzung eines Dienstes bzw. eines Angebotes ein Zwang resultiert, in weitere Verarbeitungszwecke (z. B. Werbung) einzuwilligen. Problematisch ist insofern insbesondere, wenn die Gewährung von Leistungen von der Einwilligung in Datenverarbeitungen abhängig gemacht wird, die nicht dem eigentlichen „Geschäft" dienen. Ein Beispiel: die zur Teilnahme an Gewinnspielen geforderte Einwilligung des Betroffenen zur werblichen Nutzung seiner personenbezogenen Daten geht unzweifelhaft über die zur Ermittlung des Gewinners erforderliche Nutzung hinaus. Eine wirksame Einwilligung zur werblichen Nutzung der Daten würde demnach nur dann vorliegen, wenn dem Teilnehmer an dem Gewinnspiel die unmittelbare Möglichkeit eingeräumt wird, die werbliche Nutzung zu untersagen ohne damit seine Teilnahme am Gewinnspiel zu gefährden.

Soweit das Kopplungsverbot greift, ist die Einwilligung unwirksam. Darüber hinaus muss der Anbieter seinen Dienst auch dann anbieten oder gewähren, wenn der Nutzer nicht in die werbliche Nutzung einwilligt.

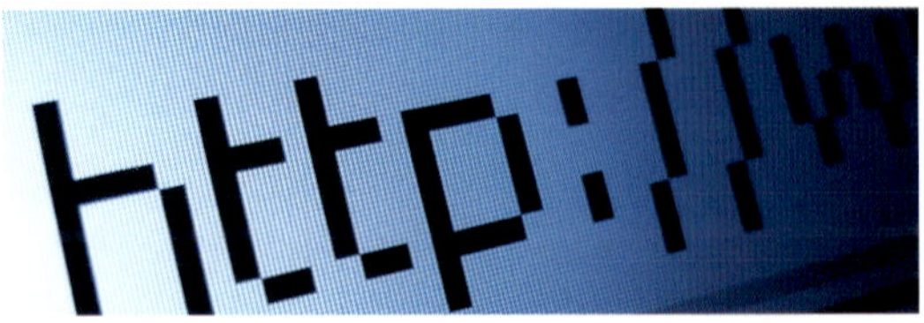

Beweislast

Der Werbende trägt die Darlegungs- und Beweislast für das Vorliegen der Einwilligung des Empfängers.

Das bloße Unterhalten einer E-Mail-Adresse in den Unternehmensverzeichnissen führt nicht zu einer Umkehr der Beweislast. Der Werbende muss also nach wie vor darlegen und beweisen, dass er die Einwilligung, Werbung versenden zu dürfen, auf zulässige Art und Weise erhalten hat.

Problematisch für den Werbenden in diesem Zusammenhang ist, dass er zwar häufig beweisen kann, dass eine entsprechende Eintragung auf seiner Website vorgenommen wurde, er aber keinen Beweis dafür erbringen kann, dass diese auch vom Adressaten selbst und nicht von einem Dritten ohne dessen Kenntnis vorgenommen wurde. Trotz dieser tatsächlichen Beweisschwierigkeit fällt die Anforderung durch einen nicht berechtigten, unbekannten Dritten nach der Rechtsprechung in den Risikobereich des Werbenden. Der Werbende ist nämlich gehalten, seine Systeme und Datenbanken so aufzubauen und zu pflegen, dass ein solcher Drittmissbrauch nicht vorkommt. Der Werbende hat also durch geeignete Maßnahmen sicherzustellen, dass es nicht zu fehlerhaften Zusendungen kommt. Entsprechende Fehler gehen zu seinen Lasten. Als geeignete Maßnahme in diesem Sinne ist das Verwenden des so genannten Double-Opt-IN-Verfahrens anzusehen. Die Nutzung dieses Verfahrens ist insoweit anzuraten. Das **Double-Opt-IN-Verfahren** setzt sich aus folgenden Schritten zusammen:

1. Der Web- oder Listserver z. B. des Newsletterbetreibers erhält eine Anfrage, dass xy@irgendwas.de den Newsletter beziehen möchte.
2. Automatisch wird umgehend eine Nachricht an die anfragende Adresse xy@irgendwas.de mit der Bitte um Bestätigung des Abonnements verschickt. Diese E-Mail darf keine Werbezusätze enthalten.
3. Ist der Adresseninhaber mit dem Anfragenden identisch und somit der wahre Besteller des Newsletters, dann wird er im Regelfall durch einfaches Klicken auf „Antwort" bzw. den in der E-Mail enthaltenen Link das Abonnement aktivieren. Tut er dieses nämlich nicht, darf er keine weiteren E-Mails erhalten!

Das Verfahren beseitigt die vorstehend beschriebenen Beweisschwierigkeiten, da dem Betreiber des Newsletters die Anwort-E-Mail des Bestellers vorliegen wird (Schritt 3) und somit er jederzeit seine Einwilligung nachweisen kann.

Keine Verschleierung bzw. Verheimlichung der Identität

Um einen Verstoß zu vermeiden, ist der Versender von Werbe-E-Mails gemäß § 7 Abs. 2 Nr. 4 UWG gehalten, seine Identität nicht zu verschleiern oder zu verheimlichen. Ein Verschleiern liegt vor, wenn zwar ein Name angegeben wird, dahinter aber keine oder eine andere Person als der Werbende steht. Ein Verheimlichen liegt vor, wenn überhaupt kein Name angegeben wird oder nur eine Adressangabe, aus der die Identität des Werbenden nicht hervorgeht. Die bloße Angabe einer Postfach- oder Faxnummer oder einer E-Mail-Adresse genügt daher nicht.

Funktionierende Widerrufsmöglichkeit

Ferner muss dem Empfänger in jeder Werbe-E-Mail die Möglichkeit eingeräumt werden, den weiteren Werbeversand zu untersagen. Dafür muss ihm eine „gültige", also tatsächlich funktionierende Adresse zur Verfügung gestellt werden. Bei der „gültigen Adresse" kann es sich nicht nur um eine E-Mail-Adresse, sondern auch eine Postanschrift oder eine Telefon- oder Faxnummer handeln.

Einzelfälle

→ Zusendung eines konkreten Leistungsangebotes

Auch bei einem unverlangt zugesandten Angebot auf Abschluss eines Vertrages handelt es sich um unzulässige Werbung im Sinne des § 7 Abs. 2 Nr. 3 UWG

→ Anfrage bezüglich eines Newsletters

Auch die unverlangte Anfrage an einen Adressaten, ob dieser am Abonnement eines Newsletters interessiert sei, stellt bereits Werbung dar und ist somit unzulässig.

→ Die Bestätigungs-E-Mail im Rahmen des Double-Opt-In-Verfahrens

Die Bestätigungs-E-Mail, etwa mit dem sinngemäßen Inhalt „Sie haben sich für unseren Newsletter interessiert. Bitte bestätigen Sie dies", ist unter der Voraussetzung zulässig, dass sie selbst keine weitere Werbung enthält.

→ Einmaliges Zusenden einer Werbe-E-Mail

Schon das einmalige Versenden einer Werbe-E-Mail an einen Adressaten, der seine Einwilligung nicht vorher erteilt hat, stellt nach der Rechtsprechung eine unzulässige Belästigung dar.

→ Produktempfehlungs-E-Mails mit Werbung

Optionen auf Websites, mit denen Shop-Besucher Freunden und Bekannten E-Mails mit Produkttipps zuschicken können, verstoßen gegen § 7 Abs. 2 Nr. 3 UWG und sind unzulässig, wenn darin zusätzlich Reklame enthalten ist. Dies hat jüngst das Oberlandesgericht Nürnberg (OLG) entschieden (Az. 3 U 1084/05).

E-Mail mit angehängtem Werbeslogan: E-Mail-Diensteanbieter, die diesen Service kostenlos anbieten, hängen häufig an die E-Mail ihrer Kunden einen kurzen Werbeslogan an. Der Kunde des E-Mail-Diensteanbieters wird als Vermittler der Werbebotschaft eingesetzt. In solchen Fällen dürfte keine unzumutbare Belästigung vorliegen. Die eigentliche Mitteilung, also der private Inhalt der E-Mail wird nicht unterbrochen, da die Werbebotschaft ganz am Ende eingefügt ist. Der erste Teil der E-Mail ist für den Empfänger interessant, ob er den Rest noch liest, obliegt seiner Entscheidung. Insbesondere ist das Ende der individuellen Nachricht sofort erkennbar, weshalb kein zusätzlicher Zeit- oder Kostenaufwand entsteht.

2 Ausnahmeregelungen bei bestehenden Kundenbeziehungen

Für das Direktmarketing per E-Mail im Rahmen einer bestehenden Kundenbeziehung sieht das Gesetz in § 7 Abs. 3 UWG eine Ausnahme vom OPT-IN-Prinzip in § 7 Abs. 2 Nr. 3, nämlich ein „Qualifiziertes Opt-OUT-Prinzip" (auch als Soft-Opt-In bekannt) vor. Danach darf im Rahmen einer Kunden- bzw. Geschäftsbeziehung auch ohne die ausdrückliche Einwilligung der Adressaten an diese Werbung versandt werden. Der Versender kommt jedoch nur dann in den Genuss dieser Erleichterung, wenn sämtliche der nachfolgenden vier Voraussetzungen von ihm kumulativ erfüllt wurden:

1. der Versender hat die E-Mail-Adresse des Empfängers im Zusammenhang mit dem Verkauf einer Ware oder Dienstleistung von dem Kunden direkt erhalten;
2. der Unternehmer verwendet die Adresse zur Direktwerbung für eigene und ähnliche Waren oder Dienstleistungen;
3. der Kunde hat der Verwendung nicht widersprochen sowie
4. er bei der Erhebung der Adresse und bei jeder Verwendung klar und deutlich darauf hingewiesen wurde, dass er der Verwendung seiner E-Mail-Adresse zu Marketingzwecken jederzeit widersprechen kann, ohne dass für den Widerspruch andere als Übermittlungskosten nach den Basistarifen entstehen.

Die Ausnahmeregelung in § 7 Abs. 3 UWG gewährt also den werbenden Unternehmern eine spürbare wettbewerbsrechtliche Erleichterung bei der Nutzung der E-Mail-Adressen ihrer Kunden bzw. Geschäftspartnern für Zwecke der Werbung. Die strikte Einhaltung der vorstehend aufgeführten vier Voraussetzungen ist jedoch von entscheidender Bedeutung für das Ausschöpfen der Ausnahmeregelung. Insofern einige Anmerkungen im Einzelnen:

Zusammenhang mit dem „Verkauf" einer Ware oder Dienstleistung

Die E-Mail-Adresse muss im Zusammenhang mit dem „Verkauf" einer Ware oder Dienstleistung erhalten worden sein. Es wird also auf eine bereits bestehende, konkrete Kundenbeziehung zwischen Versender und Adressat der E-Mail abgestellt. Es ist zunächst erforderlich, dass der Werbende die Adresse vom Kunden selbst erhält und nicht etwa anderweitig, z. B. durch kooperierende Händler, Adresshändler oder Adressbücher.

Wann jedoch eine Kundenbeziehung im vorgenannten Sinne vorliegt, ist umstritten und gerichtlich noch nicht abschließend entschieden. Einige Experten vertreten die Ansicht, dass es zu einem Verkauf, also Vertragsschluss gekommen sein muss. Nach dieser Ansicht dürfte es also nicht ausreichen, dass der Kunde irgendwann zwar Informationen über das Angebot des Werbenden eingeholt, aber dann noch nichts bestellt hat. Nach der Gegenansicht dürften bereits Verkaufsgespräche hinsichtlich einer konkreten Waren- oder Dienstleistungsgruppe ausreichen.

Aufgrund der somit bestehenden Rechtsunsicherheit ist es empfehlenswert, der strengeren Auffassung zu folgen, um dadurch das Risiko eines Rechtsverstoßes auszuschließen – d. h. das Erlangen der E-Mail-Adresse im Rahmen einer konkreten Bestellung ist erforderlich.

Als „Verkauf" im Sinne der Ausnahmeregelung ist selbstverständlich nicht nur der Kaufvertrag im bürgerlichrechtlichen Sinne, sondern jeder Austauschvertrag, also z. B. auch Werkvertrag, Mietvertrag, Geschäftsbesorgungsvertrag etc., zu verstehen.

Verwendung nur für eigene und ähnliche Waren oder Dienstleistungen.

Der Werbende darf die E-Mail-Adresse also weder an andere Unternehmen weitergeben, noch zur Werbung für Waren- oder Dienstleistungsangebote anderer Unternehmer benutzen. Dies gilt auch für solche, die mit dem werbenden Unternehmen konzernmäßig verbunden sind.

Ferner ist nur eine Werbung für ähnliche Waren oder Dienstleistungen gestattet. Die Ähnlichkeit muss im Hinblick auf die bereits bestellten Waren oder Dienstleistungen gegeben sein. Die beworbene Ware oder Dienstleistung muss also dem gleichen erkennbaren oder typischen Verwendungszweck oder Bedarf des Kunden entsprechen. Daher ist es auch zulässig, Werbung auch für funktionell zusammengehörige Waren wie Zubehör und Ergänzung dem Kunden zuzusenden. Wer einen Computer gekauft hat, dem darf auch Werbung für dafür passende Computer-Bildschirme oder ergänzende Soft- bzw. Hardware geschickt werden.

Widerspruch als Ausschlussgrund

Die Werbung ist nicht gestattet, wenn der Kunde ihr widersprochen hat. Der Widerspruch kann nicht nur per E-Mail, sondern mit jedem Kommunikationsmittel erklärt werden. Ebenso wie die Erteilung einer Einwilligung ist auch der Widerspruch sowohl ausdrücklich als auch konkludent möglich.

Informationen über die Möglichkeit des Widerspruches

Dem Kunden muss ermöglicht werden, seinen Widerspruch dem Unternehmer zu übersenden. Zu diesem Zweck muss der Unternehmer dem Kunden eine entsprechende Kontaktmöglichkeit geben: z. B. Postanschrift, Telefon- oder Faxnummer, E-Mail-Adresse. Ferner muss die entsprechende Information „klar und deutlich" erfolgen, sie darf also nicht an versteckter Stelle stehen und sie muss inhaltlich verständlich und bestimmt sein. Darüber hinaus muss die Information nicht nur „bei Erhebung der Adresse", sondern auch „bei jeder Verwendung" erfolgen. Logischerweise muss der Werbende den Empfänger bereits bei Erhebung der E-Mail-Adresse darauf hinweisen, dass er diese für Werbung nutzen wird und dem Empfänger zugleich auch eine Widerspruchsmöglichkeit einräumen. Es genügt nicht, den Kunden bei Erhebung der Adresse darüber zu belehren, er könne deren Nutzung zu Werbezwecken - etwa durch Klicken auf ein hierzu vorgesehenes Kästchen - untersagen. Vielmehr muss dem Kunden bereits deutlich gemacht werden, dass er auch später jederzeit diese Möglichkeit hat. Dies muss auch tatsächlich bei jeder nachfolgenden Werbe-E-Mail gewährleistet sein.

Beweislast

Die Beweislast für das Vorliegen der Voraussetzungen (**1**), (**2**) und (**4**) trägt der werbende Unternehmer. Der Empfänger der Werbe-E-Mail muss hingegen einen etwaigen Widerspruch gegen die Verwendung seiner E-Mail-Adresse beweisen.

3 Spam-E-Mails und Strafrecht

Abgesehen von der bereits dargestellten zivilrechtlichen Rechtswidrigkeit (vgl. auch Kapitel 4.3), die auf dem Umstand des unverlangten Zusendens der Spam-Mails beruht, machen sich einige Versender durch das Verschicken von Massen-Mails zusätzlich strafbar, wenn sie für Pornographieangebote werben oder pornographische Schriften (Fotos, Filme etc.) als Anhang der Spam-Mails an nichts ahnende E-Mail-Nutzer senden. Die Strafbarkeit ergibt sich in solchen Fällen aus § 184 Abs. 1 Nr. 5 bzw. Nr. 6 des Strafgesetzbuches (StGB).

Das Versenden von Phishing-E-Mails, mit denen die Versender versuchen, sich Informationen wie Kreditkartennummern, Kennwörter, Kontoinformationen oder andere persönliche Daten von Online-Banking-Kunden zu erschleichen, dürfte ebenfalls unter dem Gesichtspunkt des Betruges bzw. des Computerbetruges gemäß § 263 bzw. § 263 a StGB strafbar sein. Eine einschlägige Rechtsprechung hierzu liegt bislang noch nicht vor.

Darüber hinaus können auch solche E-Mails, die Viren oder Würmer transportieren, wegen Ausspähen von Daten (§ 202a StGB) bzw. Datenveränderung und Computersabotage (§§ 303a oder 303b StGB) strafbar sein. Die Straftatbestände der Datenveränderung und der Computersabotage oder die Störung öffentlicher Telekommunikationsanlagen (§ 317 StGB) kommen auch dann in Betracht, wenn die massenhafte Versendung von Werbe-E-Mails den Zusammenbruch von Vermittlungsrechnern oder Empfängerpostfächern verursacht.

3.3 Die Rechtslage in den USA

Nach einer Studie der britischen Virenschutz-Firma Sophos kommen die meisten Spam-E-Mails aus den USA. Das Spam-Aufkommen aus den USA stellte im Jahr 2003 ca. 60 Prozent des weltweiten Volumens dar.

Aus diesem Grund haben auch die USA die Notwendigkeit einer nationalen gesetzlichen Regelung erkannt und haben sich dem Problem der Verbreitung unerbetener kommerzieller elektronischer Post mittels des CAN-Spam Act angenommen, der am 1. Januar 2004 in Kraft getreten ist. Das „Gesetz zur Steuerung der Übergriffe durch unerbetene Pornographie und Marketing" (Controlling the Assault of Non-Solicited Pornography and Marketing Act oder CAN-SPAM Act) setzte den Schlusspunkt hinter eine fast sechs Jahre lang andauernde Periode von unterschiedlichen Gesetzesvorschlägen und Parlamentsdebatten im Zusammenhang mit der Spam-Problematik. Insbesondere wurde durch den CAN-SPAM Act ein im Rang den Gesetzen der Einzelstaaten (z. B. Nevada und Kalifornien) vorgehendes Bundesgesetz eingeführt.

Der US-amerikanische Gesetzgeber hat sich mit dem CAN-Spam Act im Unterschied zu seinen europäischen Kollegen für das Opt-OUT-Prinzip, vgl. Sec 5 (a)(4) des Gesetzes, entschieden. Der Empfänger kann also auch E-Mail-Werbung erhalten, die er nicht im Vorfeld bestellt hat. Die Werbe-E-Mails müssen aber zwingend Anweisungen enthalten, wie der Empfänger sich abmelden kann, Sec 5(a)(3), (5)(A)(ii), sowie die reale Geschäfts- oder Privatadresse des Absenders, Sec. 5(a)(5)(A)(iii).

Die technischen Absenderinformationen (Header-Informationen) müssen korrekt sein. Ferner muss die Absenderadresse gemäß Sec. 5 (a)(3)(A)(ii) funktionsfähig sein und es noch 30 Tage nach Absendung der Nachricht bleiben. Spätestens ab dem zehnten Geschäftstag, nachdem der Empfänger der Werbe-Mail dem weiteren Versand widersprochen hat, darf der Werbende ihm keine E-Mail-Werbung mehr schicken, Sec. 5(a)(4)(A). Dieses Verbot gilt ebenso für jeden anderen, der weiß, dass der Empfänger der E-Mail-Werbung widersprochen hat. Diese Personen dürfen die E-Mail-Adresse des widersprechenden Empfängers auch nicht mehr weitergeben. E-Mails innerhalb von Geschäftsbeziehungen stellen von vornherein keine einzuschränkende E-Mail-Werbung dar.

E-Mail-Werbung muss ferner gemäß Sec. 5(a)(5)(A)(i) klar und deutlich als Werbung erkennbar sein. Auf welche Art und Weise diese Kennzeichnung zu erfolgen hat, ist nicht beschrieben. Das in Sec. 5(a)(2) enthaltene Verbot von Betreffzeilen, die über wesentliche Inhalte der Nachricht irreführen, legt aber nahe, dass sich die Kennzeichnung zumindest in der Betreffzeile befinden muss.

Besondere Regelungen gelten für „sexually orientated"-Werbung, die definiert ist als Darstellung explizit sexuellen Verhaltens. Die allseits bekannten Angebote zur Vergrößerung von Geschlechtsteilen dürften davon jedoch nicht erfasst sein. E-Mails mit solchem sexuellen Bezug müssen einheitlich mit einer Kennzeichnung versehen werden, die die Federal Trade Commission (us-amerikanische Wettbewerbsbehörde – FTC) vorschreibt. Der zunächst sichtbare Teil der Nachricht darf selbst noch keine entsprechenden Abbildungen etc. enthalten, Sec. 5 (d)(1)(A).

Das „Ernten" von E-Mail-Adressen von Internetseiten ist gemäß Sec. 5 (b)(1)(A)(i) untersagt, wenn die betreffende Internetseite eine Äußerung darüber enthält, dass die Adressen nicht weitergegeben werden dürfen. Weiterhin ist es danach verboten, sich E-Mail-Adressen durch automatische Generierung von Zufallskombinationen zu verschaffen.

Einige Vorschriften gelten nicht für den Fall, dass der Empfänger der Versendung von E-Mail-Werbung zuvor zugestimmt hat, nämlich das Verbot der Versendung nach Widerspruch, wenn die Zustimmung dem Widerspruch nachfolgt, aber auch die Pflicht zur Identifizierung der Nachricht als Werbung. Gemäß Sec. 5(d)(2) kann auch die Kennzeichnung und die nur etappenweise Darstellung sexualbezogener Werbung bei Zustimmung zur Werbung entfallen.

Bei Verstößen drohen Geldstrafen und teils sogar Freiheitsstrafen bis zu fünf Jahren (etwa bei Verstoß gegen die Regelungen für sexualorientierte Werbung). Außerdem gelten gesetzeswidrige Aktivitäten gemäß Sec. 7(a) als „unfair or deceptive act or practice" im Sinne von Sec. Federal Trade Commission Act und können damit wettbewerbsbehördlich verfolgt werden.

Ferner sieht das Gesetz in Sec. 7 (f) die Möglichkeit einer Klage des Generalstaatsanwalts eines Bundesstaates im Interesse der Einwohner des Staates vor. Auch Internet Service Provider können denjenigen, der Werbung unter Verstoß gegen die Bestimmungen des CAN-Spam Act versendet, auf Schadensersatz und Unterlassung verklagen, Sec. 7 (g).

Die Empfänger selbst haben keine Möglichkeit, das Gesetz durchzusetzen.

Aufgrund des CAN-Spam Act sind bereits einige Versender von Spam-Mails zu drakonischen Strafen rechtskräftig verurteilt worden. Im Jahr 2004 wurden mehr als 300 Verteiler von Spam-Mails zu einer Strafe von über einer Milliarde US-Dollar aufgrund des Versands von 10 Millionen Spam-E-Mails pro Tag verurteilt. Das Geld floss an das aktuell betroffene Unternehmen. Für den Versand von 280 Millionen Spam-E-Mails mit Werbung für Hypotheken wurde ein Mann aus dem US-Bundesstaat Iowa zu einer Strafzahlung von 11,2 Milliarden US-Dollar verurteilt. Das Geld soll ebenfalls an den klagenden Provider fließen.

Die Auswirkungen des CAN-Spam Act sind auch statistisch nicht zu übersehen. Nach letzter Erhebung der Firma Sophos vom Oktober 2005 ist das aus den USA herrührende Spam-Aufkommen von weltweit 60 Prozent im Jahr 2003 auf 26 Prozent in 2005 gesunken.

3.4 Die Rechtslage in anderen Ländern

In Australien gilt seit 2003 ebenfalls ein Anti-Spam-Gesetz, das ein rigides Vorgehen gegen Spam-Versender ermöglicht.

Das Gesetz sieht Strafen von bis zu 1,1 Millionen australischer Dollar (650.000 Euro) für uneinsichtige Versender unverlangter Werbebotschaften vor. Privatpersonen können mit bis zu 220.000 Dollar belangt werden.

Das Gesetz beruht entsprechend der Rechtslage in der EU auf dem „Opt-IN-Prinzip". Zudem müssen die Werbe-Mails klare Hinweise enthalten, wie man den künftigen Empfang unterbinden kann. Software, mit der E-Mail-Adressen automatisch eingesammelt werden können, ist nach dem Gesetz verboten.

Die Volksrepublik China, die mit einem Anteil von 20 Prozent am weltweiten Aufkommen unerwünschter E-Mails als zweitgrößte Spam-Quelle nach den USA gilt, hat noch keine Anti-Spam-Gesetze verabschiedet. Dennoch hat sich die Volksrepublik im Juli 2005 dem London Action Plan on Spam Enforcement Collaboration angeschlossen. Ziel der Londoner Gruppe ist die international koordinierte Zusammenarbeit von Regulierungsbehörden, Daten- und Verbraucherschützern aus über 20 Ländern gegen Spam und daraus resultierende Probleme wie Online-Betrug und Computer-Viren.

Darüber hinaus haben die mit Spam-Bekämpfung engagierten Organisationen in China und Australien im Jahr 2005 ein Abkommen zum gemeinsamen Kampf gegen unerwünschte Massen-E-Mails geschlossen. Künftig werden Informationen zwischen den beiden Ländern ausgetauscht. Ein diesbezüglicher Vertrag wurde zwischen der australischen Internet Industry Association und der Internet Society of China (ISC) geschlossen.

4 Maßnahmen gegen Spam (präventiv und reaktiv)

Die effektivsten Vorgehensweisen gegen Spam-Mails setzen im Vorfeld des Empfangs an. Es gibt eine Reihe von Möglichkeiten, die Zahl der Spam-Mails, die in der eigenen Mailbox ankommen, zu reduzieren:

Präventive Maßnahmen	Reaktive Maßnahmen
Den Empfang potentieller Spam-Mails nicht bestätigen: ▪ nicht im HTML-Format öffnen ▪ keine Links betätigen ▪ nicht antworten ▪ keine Anhänge öffnen	Filtern ▪ Filtern am Mail-Gateway des Providers (far end) ▪ Filtern am Client des Nutzers
Eigene E-Mail-Adresse nicht in jedermanns Hand geben: ▪ alternativer E-Mail-Account für Gewinnspiele, etc. ▪ keine textliche Darstellung der E-Mail-Adresse auf Websites, ggf. grafisch	Beschwerden ▪ an Hotlines ▪ durch Nachricht an den Provider (zumeist durch Verschieben der Mail in einen bestimmten Ordner) zur Unterstützung des providerseitigen Filters

4.1 Empfehlungen im Vorfeld

Um mit Spam-Mails richtig umzugehen, muss eine Spam-Mail zunächst als solche identifiziert werden. Merkmale einer Spam-Mail sind zunächst die unbekannte Absenderangabe. Ein weiteres Merkmal ist die meist orthografisch falsche, oft auch verstümmelte, fast kryptische Darstellung des Absendernamens sowie des Betreffs. Diese Angaben werden meist zufällig generiert, um Spamfilter zu umgehen. Auch ein vermeintlicher Hinweis auf Spam durch den Provider wird der Betreffzeile mitunter hinzugefügt.

Der Text der Mail enthält oftmals unverständliche Wortfolgen oder zusammenhanglose Auszüge aus Gedichten oder Prosatexten - ebenfalls, um Spamfilter auf die falsche Fährte zu locken.

Der Text einer Mail mit einem der oben genannten Merkmale sollte jedoch nur mit einem E-Mail-Client gelesen werden, der so eingestellt ist, dass er die Nachrichten nicht im HTML-Format anzeigt, zumindest aber Bilder nicht automatisch nachlädt, da andernfalls der Versender eine Nachricht über das Öffnen seiner Mail und damit über die Gültigkeit der angeschriebenen E-Mail-Adresse erhält. Dies multipliziert den Wert einer solchen Adresse für Spammer und mündet in einer weiteren Zunahme des Eingangs von rechtswidrigen Werbenachrichten.

Aus dem gleichen Grund sollte auf mutmaßliche Spam-Mails nicht geantwortet und keine Links - auch keine Links zum „Abbestellen" der Nachrichten - betätigt werden.

Unter keinen Umständen sollten Anhänge potentieller Spam-Mails geöffnet werden - auch nicht solche, die ihrer Endung nach als harmlos erscheinen (ZIP, SCR, PDF, etc.). Solche Anhänge enthalten in aller Regel schädliche Programme, die sich beim Öffnen des Anhangs für den Nutzer unbemerkt auf seinem Rechner installieren und diesen selbst zum Spam-Versender machen.

1 Alternativer E-Mail-Account

Es sollte zunächst dafür gesorgt werden, dass Spammer erst gar nicht an die im normalen E-Mail-Verkehr genutzte E-Mail-Adresse heran kommen. Internet-Benutzer, die häufiger ihre Identität bei Teilnahme an Gewinnspielen, beim Ausfüllen von Anmeldeformularen oder beim Schreiben in Newsgroups oder Foren preisgeben, riskieren, dass ihre Mail-Inbox mit lästigen Werbeschreiben überfüllt wird, da insbesondere Newsgroups eine bei Spammern und Adressensammlern äußerst beliebte „Recherchemöglichkeit" darstellen. Daher ist das Einrichten von alternativen E-Mail-Accounts für bestimmte Internetaktivitäten besonders zu empfehlen. Solch eine temporäre Mail-Adresse lässt sich leicht bei einem Freemail-Provider einrichten. Eine Alternative stellt auch der von vielen Providern angebotene „Catch-All"-Sammelaccount dar, der alle auf eine bestimmte Domain eingehenden Mails empfängt. So lassen sich individuelle Adressen nach dem Muster a@xyz.de, b@xyz.de usw. vergeben und ein eventueller Missbrauch leichter festgestellt werden.

2 Veröffentlichung von E-Mail-Adressen

E-Mail-Adressen, die nicht nur temporär für einen bestimmten Zweck angelegt wurden, sollten nach Möglichkeit nicht in der Öffentlichkeit in der Weise verwendet werden, dass sie für jedermann abrufbar sind. So empfiehlt es sich etwa, auf einer Internet-Präsenz die Kontakt-E-Mail-Adresse nicht im Klartext, sondern etwa in Form eines kleinen Bildes, oder zumindest unter Verwendung von Leerzeichen oder dem Ausdruck „[at]" statt „@" darzustellen. Ein automatisiertes Auslesen wird damit erheblich erschwert.

In jeder Datei steckt ein Header, der überprüft, wer diese Seite gerade aufruft. Für das Auslesen von E-Mail-Adressen eingesetzte Spambots identifizieren sich - wie auch Browser und Suchmaschinen - gegenüber dem Server. Da diese Kennungen bekannt sind, können Seitenaufrufe durch solche Programme jedenfalls solange präventiv unterbunden werden, bis diese ihre Kennung ändern.

Eine weitere Methode, die bereits den Grundstein für eine Verfolgung der Spammer legt, ist die für den regulären Nutzer unsichtbare Veröffentlichung erfundener E-Mail-Adressen. Durch Entschlüsseln der Mail-Adresse kann dann der Zeitpunkt des Aufrufs, die IP des Aufrufers usw. bestimmt werden. Mit diesen Daten lässt sich ein großer Teil der den Spambot unterstützenden Provider identifizieren.

3 Einsetzen von Filterprogrammen

Um die Belästigung durch Spam-E-Mails zumindest zu mindern, empfiehlt sich der Einsatz von serverseitigen Filtersystemen, die den unternehmenseigenen Mailserver und damit sämtliche Firmenpostfächer schützen. Hinsichtlich der großen Anzahl von verschiedenen Produkten in unterschiedlichen Preis- und Leistungssegmenten kann an dieser Stelle keine konkrete Produktempfehlung ausgesprochen werden, eine - nicht vollständige – Übersicht über entsprechende Anbieter findet sich im Anhang A. Die jeweils geeignete Lösung sollte in jedem konkreten Fall durch entsprechende Fachberater ermittelt werden, allerdings gibt es auch hier kostenlose Produkte.

Vor dem Einsatz zentraler Filterprogramme in Unternehmen muss in jedem Falle festgelegt werden, wer was wann bewertet, in welche Listen was eingetragen und überwacht wird. Der Datenschutzbeauftragte und die Personalvertretung sind zu beteiligen, ferner müssen die Benutzer über die ergriffenen Maßnahmen informiert werden.

Für kleinere Unternehmen die keinen eigenen Mailserver betreiben, empfiehlt sich zumindest die Installation lokaler Spamfilter auf dem Rechner. Eine – ebenfalls nicht vollständige – Übersicht findet sich im Anhang B.

4 Maßnahmen durch Internet Service Provider (ISPs)

Für ISPs kann das ungefragte Löschen von Nachrichten, die an einen Kunden gerichtet sind, eine Vertragsverletzung bedeuten, da dem Kunden die Erbringung von Mailservices oftmals uneingeschränkt angeboten wird. Darüber hinaus ist das Filtern von E-Mails mit einer Überprüfung verbunden, die in den meisten Fällen automatisiert, jedoch auch manuell erfolgen kann. In diesem Zusammenhang stellen sich telekommunikationsrechtliche, datenschutzrechtliche und gegebenenfalls sogar strafrechtliche Probleme, vor allem dort, wo gewünschte Mails nicht mehr ankommen (false positives). Hier dürfte sich der in seiner Kommunikation beeinträchtige Kunde sehr wohl zunächst an seinen Anbieter wenden. Umgekehrt dürften Versender von Mails, insbesondere dann, wenn es sich um legitim versendete Werbemails handelt, Ansprüche gegen Internet Service Provider richten, wenn ihre rechtmäßigen Nachrichten nicht mehr zugestellt werden, ohne dass der Kunde darauf Einfluss genommen hätte.

Es empfiehlt sich daher, einige Schutzmaßnahmen zu ergreifen, die ISPs und Anbieter vor einer erfolgreichen rechtlichen Inanspruchnahme bewahren sollten. Im Einzelnen sind folgende „Problemzonen" betroffen:

Filtern am Client

Sofern jedwede Filterung dem Kunden überlassen wird, dürften keine Probleme entstehen, da die volle Verfügungsgewalt beim Kunden liegt. Verursacht der Kunde durch seine Filtereinstellungen ein Overblocking, so kann der Anbieter dafür nicht verantwortlich gemacht werden. Die Spam-Bekämpfung vollständig dem Kunden zu überlassen, dürfte aber in den meisten Fällen nicht gewünscht oder umsetzbar sein.

Filtern am Server – strafrechtliche Hürden

In strafrechtlicher Hinsicht sind die Vorschriften der § 202 StGB – Verletzung des Briefgeheimnisses, § 202 a StGB – Ausspähen von Daten, § 206 StGB – Verletzung des Post- und Fernmeldegeheimnisses, sowie § 303 a StGB – Datenveränderung zu beachten.

Wenngleich die Verwirklichung des § 202 StGB, die gelegentlich angesprochen wird, unwahrscheinlich sein dürfte, da diese Vorschrift elektronisch gespeicherte Daten nicht erfasst, so ist eine Strafbarkeit entsprechend der übrigen Vorschriften naheliegend. Für den Anbieter besteht aber grundsätzlich kein Haftungsrisiko, wenn die getroffenen Filter- oder Blockingmaßnahmen mit einer Einwilligung des Kunden geschehen. Diese Einwilligung hat zwar nicht ausdrücklich oder gar schriftlich zu erfolgen, es reicht, wenn sie faktisch im „Tatzeitpunkt" vorlag – der Kunde also mit einer bestimmten Art der Spambekämpfung einverstanden war. Bei der Bekämpfung schädigenden Codes ist das Vorliegen einer mutmaßlichen Einwilligung wohl anzunehmen. Die Filter- oder Blockingmaßnahmen könnten ferner durch den Umstand gerechtfertigt sein, dass den Anbietern durch § 109 TKG ohnehin die Pflicht auferlegt wird angemessene technische Vorkehrungen zum Schutz der Systeme zu treffen. Die Rechtfertigung über § 109 TKG gilt jedoch nicht ohne weiteres bei der Filterung von „normalen", nicht viren- bzw. wurmverseuchten Spam-Mails. Sicherlich kein Anbieter möchte jedoch in diesem Bereich Ungewissheit ertragen müssen. Aus diesem Grunde sollte bereits durch transparente Ausgestaltung der Geschäftsbedingungen die Einwilligung des Kunden für Anti-Spam-Maßnahmen und insbesondere Filterungen eingeholt werden. Liegt sie vor, so besteht selbst bei false positives kein strafrechtliches Risiko, da die Maßnahmen auf Geheiß des Kunden getroffen werden.

Datenschutzrecht / Telekommunikationsrecht

Während vielfach das Scanning auf Viren und Spam als rechtlich unbedenklich qualifiziert wird, wenn aufgrund der automatisierten Funktionsweise der Scanner keine Einsicht in die Nachrichten erfolgt und keine personenbezogenen Daten protokolliert werden, so können dort rechtliche Probleme auftauchen, wo Mails geblockt, gelöscht, markiert oder in einen Spam-Ordner sortiert werden.

Nach § 4 Abs. 1 des Bundesdatenschutzgesetzes ist die Erhebung, Verarbeitung und Nutzung personenbezogener Daten nur zulässig, wenn sie gesetzlich erlaubt oder vom Betroffenen gestattet ist. Beim Dienst E-Mail sind praktisch immer personenbezogene Daten betroffen, da ausreichend ist, wenn eine E-Mail-Adresse einem Nutzer zugeordnet werden kann. Fraglich ist somit, ob eine gesetzliche Erlaubnis zur Spamfilterung besteht.

Beim Dienst E-Mail gilt unter anderem das Fernmeldegeheimnis gem. § 88 TKG. Eingriffe in das Fernmeldegeheimnis sind nach dem Telekommunikationsgesetz zum Erkennen und Beseitigen von Störungen zulässig, wenn dafür tatsächliche Anhaltspunkte vorliegen. Zur Bekämpfung schädigenden Codes kann wohl von einer gesetzlichen Grundlage für Maßnahmen des ISPs ausgegangen werden. Problematisch ist indes, ob sich Maßnahmen zur Filterung „lediglich" unerwünschter Nachrichten mit dieser Vorschrift begründen lassen. Wenngleich dann einiges für die Anwendung der Vorschrift auch im Bereich Spam spricht, wenn die Netzwerkinfrastruktur unter der Last einer Spamflut Schaden zu nehmen droht, so kann doch keinesfalls von einer gesetzlichen Grundlage für Maßnahmen gegen jede Form von Spam ausgegangen werden. Aus diesem Grunde sollte der Internet Service Provider die Einwilligung des Kunden für die von ihm getroffenen Maßnahmen einholen.

Empfehlungen für ISPs

Generell sollte der Nutzer über die vom ISP ergriffenen oder angebotenen Maßnahmen umfassend aufgeklärt und entsprechende Vertragsabreden oder Service Level Agreements getroffen werden. Die Aktivitäten des ISPs zur Bekämpfung von Spam sollten einen Teil der angebotenen Leistung darstellen, mithin im Kundenauftrag erfolgen.

ISPs wird ferner empfohlen, vertraglich ein Verbot der Versendung von Spam sowie der Bewerbung von Diensten mittels Spam zu regeln. Die Regelungen sollten den ISP im Verletzungsfall zu einer Sperrung angebotener Dienste für den Kunden berechtigen und im Wiederholungsfall ein Recht zur Vertragskündigung umfassen. Diese Verpflichtung ist auch Kunden der Kunden von Internet Service Providern aufzugeben.

ISPs sollten dringend ihre Mailserver so konfigurieren, dass ein Missbrauch durch Dritte zur Versendung von Spam nicht in Betracht kommt und nur solche E-Mails (weiter-)verschicken, deren Herkunft sie identifizieren können.

Die Versendung von Massenmails sollte vertraglich an besondere Voraussetzungen geknüpft werden. Unter Umständen sollten technische Maßnahmen ergriffen werden, um die massenhafte Versendung von E-Mails einschränken zu helfen.

Bewährt hat sich hier vor allem ein Scoring von Mails, die von den Kunden als unerwünscht gekennzeichnet und ab einer bestimmten Beschwerderate gefiltert werden.

4.2 Beschwerdemöglichkeiten

Unerbetene, deutschsprachige E-Mails können auch als Beschwerde an Organisationen und Einrichtungen weitergeleitet werden, die seit geraumer Zeit gegen das Versenden von Spam-E-Mails vorgehen. Dazu gehören z. B. die Beschwerdestellen des Verbandes der deutschen Internetwirtschaft eco sowie des Bundesverbandes der Verbraucherzentralen (vzbv) und der Zentrale zur Bekämpfung unlauteren Wettbewerbs (WBZ). Diese drei Organisationen haben sich im März 2005 zu einem Aktionsbündnis zur Bekämpfung von deutschen Spam-E-Mails zusammengeschlossen und gehen hierzulande rechtlich gegen Spam-Versender vor. Auf europäischer und internationaler Ebene kooperiert die Beschwerdestelle des Verbandes der deutschen Internetwirtschaft eco mit Microsoft EMEA sowie dem Netzwerk der behördlichen Spambeschwerdestellen CNSA sowie mit der US-amerikanischen Federal Trade Commission (FTC).

Beschwerden können per E-Mail unter Beifügung der vollständigen Spam-E-Mail und dem Original-Mail-Header (unter Outlook Ansicht → Optionen → Internetkopfzeilen, dann kopieren und in die weiterzuleitende Mail einfügen) unter den nachfolgenden Adressen eingereicht werden:

- **spam@internet-beschwerdestelle.de**
  (eco – Verband der deutschen Internetwirtschaft e.V.)
- **beschwerdestelle@vzbv.de**
  (Verbraucherzentrale Bundesverband (vzbv)
- **mail@wettbewerbszentrale.de**
  (Zentrale zur Bekämpfung unlauteren Wettbewerbs (WBZ))

Einige ISPs unterhalten sog. „Blacklists" oder „Whitelists", die mit den ihnen vorliegenden, ggf. über eine der oben genannten Hotlines zugetragenen, Beschwerden abgeglichen werden. Providerseitig geführte Blacklists sind Grundlage eines Filterprozesses, der die Weiterleitung von Spam-Mails verhindern soll. Sie enthalten regelmäßig typische Merkmale von Spam-Mails im Hinblick auf Absendername, Betreff, Inhalt, vor allem aber bezüglich deren Herkunft aus einem bestimmten IP-Adressbereich. Eingang in Blacklists finden diese Merkmale oft über ein automatisiertes „Scoring", bei dem die Nutzer von ihnen erkannte Spam-Mails dem Provider per Mausklick melden. Die Merkmale dieser Mails werden analysiert und die Wahrscheinlichkeit, dass es sich bei Mails mit jenen Merkmalen um Spam handelt, systemintern durch Vergabe von Punkten erhöht. Je höher also die Punktzahl (das „Scoring"), umso wahrscheinlicher ist es, dass es sich bei einer bei dem ISP eingehenden Mail um Spam handelt. Damit ist bereits vor Zustellung an den Empfänger eine Erkennung und Filterung möglich.

Um Fehlfilterungen von rechtmäßig übermittelten E-Mails zu verhindern (sog. „false positives"), werden providerseitig Whitelists entweder lokal oder, wie die von eco – Verband der Deutschen Internetwirtschaft e.V. und dem Deutschen Direktmarketingverband e.V. (DDV) gemeinsam betriebene Whitelist der Certified Senders Alliance (CSA), zentral eingesetzt, die die Mails der dort eingetragenen Versender von einer serverseitigen Filterung ausnimmt und eine Filterung, die eine Zustellung von Mails listengeführter Massenversender verhindert, ausschließlich durch individuelle Nutzereinstellungen erfolgen kann.

Spam-E-Mails, die Mehrwertdiensterufnummern (z. B. (0)190er / (0)900er Nummern) bzw. Dialer-Programme dem Empfänger „vermitteln", können als Beschwerden an die Bundesnetzagentur für Elektrizität, Gas, Telekommunikation, Post und Eisenbahnen – **www.bundesnetzagentur.de** – weitergeleitet werden. Nach § 67 Abs. 1 TKG kann die Bundesnetzagentur im Rahmen der Nummernverwaltung Anordnungen und andere geeignete Maßnahmen treffen, um die Einhaltung gesetzlicher Vorschriften und der von ihr erteilten Bedingungen über die Zuteilung von Nummern sicherzustellen. Zu den Maßnahmen gehören solche wie Abschaltung der missbrauchten Rufnummer, Untersagung der Rechnungslegung, Einleitung von Bußgeldverfahren etc.

4.3 Rechtliche Maßnahmen

1 Anwendbares Recht

Innerhalb der EU kommt es nicht darauf an, in welchem EU-Land der Versender der unzulässigen Werbe-E-Mail sitzt. Es gilt die Rechtsordnung des Staates, in dem der Empfänger sitzt. In den hier diskutierten Fallkonstellationen ist also deutsches Recht anzuwenden. Dies ergibt sich aus § 4 Abs. 4 Nr. 3 TDG, wonach für unerbetene E-Mails das Herkunftslandprinzip nicht gilt. Bei E-Mails aus Drittländern gilt in der Regel das Recht des Drittstaates.

2 Ansprüche

Bei einem Verstoß gegen die unter Ziffer 3 erläuterten Vorschriften des § 7 UWG stehen dem Empfänger gemäß §§ 8 und 9 UWG Unterlassungs- und Schadensersatzansprüche zu, die er ggf. klageweise durchsetzen kann. Sollte kein Wettbewerbsverhältnis zu dem Versender vorliegen, das Voraussetzung für die Anspruchsgeltendmachung nach dem UWG ist, stehen dem betroffenen Unternehmer ebenfalls Unterlassungs- und ggf. Schadensersatzansprüche unter dem Gesichtspunkt des Eingriffes in das Recht am eingerichteten und ausgeübten Gewerbebetrieb gemäß §§ 823 Abs. 1, 1004 Abs. 1 BGB analog zu.

Unterlassungsansprüche

Der Unterlassungsanspruch ist zum einen auf Beseitigung gerichtet, d. h. unter Umständen Löschung bzw. Sperrung der betroffenen E-Mail-Adresse für Werbung. Zum anderen ist der Versender aber verpflichtet, auch in der Zukunft dafür zu sorgen, dass er keine unzulässige Werbung an diese E-Mail-Adresse versendet.

Schadensersatzansprüche

→ Verschulden

Hinsichtlich des Schadensersatzanspruches ist anzumerken, dass dieser Verschulden (Vorsatz oder Fahrlässigkeit) seitens des Versenders voraussetzt. Das Vorliegen eines Rechtsirrtums, der beim Versand von Spam-E-Mails von einigen Versendern gerne behauptet wird, dürfte unter Umständen den Vorsatz, jedoch nicht die ebenfalls ausreichende Fahrlässigkeit beseitigen. Dies gilt erst recht, wenn man die Grundsätze der ständigen BGH-Rechtsprechung für Werbemaßnahmen überträgt, die besonders strenge Sorgfaltsmaßstäbe dem Werbenden auferlegen. Der Werbende muss danach nämlich alles in seiner Macht Stehende tun, damit es bei der Durchführung von Werbemaßnahmen zu keinen Wettbewerbsverstößen kommt. Derjenige, der seine Datenbanken mit E-Mail-Adressen nicht sorgfältig aufbaut und ständig überprüft, dürfte demnach fahrlässig im vorstehenden Sinne handeln. Die genaue Feststellung des Verschuldens ist aber immer eine Frage des Einzelfalles.

→ Umfang

Der Umfang des Schadensersatzanspruches richtet sich danach, was der Empfänger der rechtswidrigen E-Mail für die Herstellung des Zustandes verlangen kann, der bestehen würde, wenn der rechtswidrige E-Mail-Versand nicht erfolgt wäre. Der Aufwand durch Downloaden bzw. Löschen der Spam-E-Mail dürfte wegen der Geringfügigkeit der damit in der Regel verbunden Kosten sowie Praktibilitätsproblemen bei der Ermittlung der Höhe dieser Kosten in aller Regel keine ersatzfähige Position darstellen. Etwas anderes dürfte dabei gelten, wenn durch massives Versenden die betrieblichen Ressourcen spürbar gestört werden. Einschlägige Rechtsprechung dazu existiert in Deutschland jedoch noch nicht.

Eine viel relevantere Schadensposition stellen die Kosten der Rechtsverfolgung dar. Grundsätzlich nicht ersatzfähig ist der eigene Arbeitsaufwand des Verletzten zur Schadensabwicklung, da dies nach BGH zum allgemeinen Lebensrisiko gehört und nicht in den Schutzbereich der Norm fällt. Ersatzfähig sind daher nur Zahlungen an Dritte, soweit sie tatsächlich entstanden sind und erforderlich waren. In Betracht kommen:

(1) Anwaltskosten für eine vorprozessuale Abmahnung. Erforderlich ist die Abmahnung aber nur, wenn der Verletzte auf die Inanspruchnahme eines Rechtsanwalts angewiesen war. Dies dürfte bei Großunternehmen mit wettbewerbsrechtlichen Rechtsabteilungen nicht der Fall sein.

(2) Anwaltskosten für Bemühungen um Auskunftserteilung, Anerkennung einer Schadensersatzpflicht etc.

Auskunftsansprüche - § 34 BDSG

Nach § 34 des Bundesdatenschutzgesetzes (BDSG) ist der Versender einer Spam-E-Mail verpflichtet, dem Empfänger Auskunft darüber zu erteilen, welche personenbezogenen Daten des Betroffenen er speichert, zu welchem Zweck dies geschieht, an wen er diese übermittelt und woher er die Angaben bekommen hat.

→ §§ 13, 13a UKlaG

Nach § 13a des Unterlassungsklagegesetzes (UKlaG) hat der Empfänger der unerbetenen E-Mail die Möglichkeit, von den geschäftsmäßigen Erbringern von Post-, Telekommunikations-, Tele- oder Mediendiensten, also den Betreibern von E-Mail-Diensten oder aber auch Newsletterservices, Auskunft über den Namen und die zustellungsfähige Anschrift eines am Post-, Telekommunikations-, Tele- oder Mediendiensteverkehr Beteiligten, zu verlangen. Es muss schriftlich versichert werden, dass diese Angaben zur Durchsetzung eines Anspruchs nach § 1 oder § 2 UKlaG - also etwa eines Unterlassungsanspruchs gegen einen Spam-Versender - benötigt werden, und sie anderweitig nicht zu beschaffen sind.

Nach § 13 UKlaG steht der Auskunftsanspruch auch den Wettbewerbsverbänden bzw. über diese den rechtsfähigen Verbänden zur Förderung gewerblicher selbständiger beruflicher Interessen zu.

Sonstige Ansprüche

→ §§ 40, 43a, 43b TKG

Dem Empfänger einer Spam-E-Mail in der eine (0)900er-Rufnummer- die (0)900er-Rufnummern haben zum 31. Dezember 2005 die alten (0)190er-Rufnummern vollständig abgelöst - beworben wird, stehen gemäß §§ 40, 43a, 43b des Telekommunikationsgesetzes (TKG) unter gewissen Voraussetzungen weitere Auskunfts- Unterlassungs- sowie Schadensersatzansprüche zu. Eine missbräuchliche Verwendung der (0)900er-Rufnummer liegt auch dann vor, wenn die Nummer nicht direkt in der Spam-E-Mail aufgeführt wird, sondern sich z.B. hinter einem beworbenen Dialerprogramm versteckt. Wer der Anbieter einer bestimmten (0)900er-Rufnummer ist, kann einer frei zugänglichen Datenbank auf der Website der Bundesnetzagentur (BNetzA) unter **www.bundesnetzagentur.de** kostenlos entnommen werden.

→ § 35 BDSG

Nach § 35 BDSG kann der Empfänger einer Spam-E-Mail vom Versender verlangen, dass dieser seine E-Mail-Adresse aus den Datenbanken löscht bzw. zur weiteren werbenden Nutzung sperrt.

3 Anspruchsgegner

Die vorgenannten Ansprüche, insbesondere die Unterlassungsansprüche richten sich gegen die Personen, die im Zusammenhang mit dem Spam-Versand als Störer qualifiziert werden können. Störer ist nach obergerichtlicher Rechtsprechung jeder, der in irgendeiner Weise willentlich und adäquat kausal an der Herbeiführung der rechtswidrigen Beeinträchtigung mitgewirkt hat, wobei es genügt, dass er das eigenverantwortliche Handeln eines Dritten unterstützt oder ausnutzt, obwohl er rechtlich in der Lage ist, es zu verhindern (Hanseatisches Oberlandesgericht Hamburg, 3 U 101/01, Urteil vom 13. September 2001, m. w. N. insbesondere zur BGH-Rechtsprechung).

Versender der Spam-Mail

Der Versender der Spam-E-Mail ist zweifelsohne der unmittelbare Störer. Somit ist er Gegner eines Unterlassungs- und ggf. auch eines Schadensersatz- und Auskunftsanspruches.

Sonstiger Nutznießer der Spam-Werbung

Für die Störereigenschaft genügt auch die Unterstützung oder das Ausnutzen des Handelns eines eigenverantwortlichen Dritten, sofern der Störer die rechtliche Möglichkeit zur Verhinderung dieser Handlung hatte. Die Störerhaftung trifft also auch denjenigen, der vom Versand einer unerwünschten Werbemail Vorteile hat, also etwa den Betreiber der in der Spam-E-Mail beworbenen Website oder Inhaber der beworbenen (0)900er-Rufnummer.

Admin-c der beworbenen Domain

Für Rechtsverstöße, die die Domain selbst, bzw. die dort vorgehaltenen Inhalte betreffen, kann der admin-c nach mittlerweile herrschender, unterinstanzlicher Rechtsprechung zur Verantwortung gezogen werden (vgl. zuletzt LG Bonn, Urteil vom 23. Februar 2005, Az. 5 S 197/04, mit weiteren

Nachweisen). Die Verantwortlichkeit wird allgemein mit der Rechtsstellung des admin-c nach den Registrierungsrichtlinien der DENIC e.G., wonach der admin-c nicht nur der administrative Ansprechpartner ist, sondern als Bevollmächtigter des Domaininhabers berechtigt und verpflichtet ist, sämtliche die Domain betreffenden Angelegenheiten verbindlich zu entscheiden.

Im Hinblick auf die Verantwortlichkeit für Spam-Versand dürfte eine Haftung des admin-c zweifelhaft sein. Denn in der Regel wird der admin-c einer Domain, der nicht mit dem Registranten identisch ist, weder die rechtliche noch die faktische Möglichkeit haben, auf den Versender der Spam-Werbung einzuwirken. Im Einzelfalle wird eine Haftung des admin-c von der Ausgestaltung des Rechtsverhältnisses zum Betreiber der Seite abhängen.

Ein ausreichend enges Rechtsverhältnis veranlasste das Landgericht Berlin dazu, mit Beschluss vom 26. September 2005 (Az. 16 O 718/05) die Haftung des admin-c für den Newsletter-Versand zu bejahen, der von der von ihm administrierten Domain generiert wurde.

Diese Entscheidung ist zurzeit jedoch die einzige gerichtliche Entscheidung, die die Frage der Verantwortlichkeit des admin-c im Zusammenhang mit Spam behandelt. Ob weitere Gerichte die Auffassung des LG Berlin teilen werden, ist fraglich. Insofern sollte die diesbezügliche Entwicklung in der Rechtsprechung abgewartet werden.

Der Betreiber einer E-Card-Funktion

Wer Dritten die Möglichkeit bietet, mittels einer E-Card-Funktion auf seiner Website Werbung via E-Mail unverlangt an einen Empfänger zu senden, ist mittelbarer Störer und damit mitverantwortlich für die Werbe-E-Mail, weil er in der Lage ist, die von ihm gesetzte Ursache zu unterbinden. Die Haftung entfällt nicht dadurch, dass die E-Mails als solche nicht vom Inhaber der Website versendet werden, sondern ein Dritter die Werbe-E-Mail von seiner Homepage aus versendet.

Hostprovider der mittels Spam beworbenen Website

In Einzelfällen kann die Störerhaftung für Spam-Versand den Hosting-Provider umfassen. So stellte das Landgericht Leipzig in einem Berufungsurteil (Urteil vom 13. November 2003 (Az. 12 S 2595/03) fest, dass ein solcher Anbieter als so genannter „Zustandsstörer" neben einem nicht zu ermittelnden Subdomain-Inhaber für darüber versandten Spam selber hafte. Dies gelte zumindest dann, wenn der Provider bei der Vergabe einer Subdomain seine Prüfungspflichten über die Identität seines Kunden verletze und der dadurch nicht zu ermitteln sei. Dabei käme es nicht darauf an, ob der Hostprovider der Subdomain die Werbemails selbst versandt habe oder nicht.

Ab dem Zeitpunkt der Erlangung gesicherter Kenntnis von dem Spam-Versand im Zusammenhang mit einer Website, ist der die Website hostende Provider gehalten, durch geeignete und für ihn zumutbare Maßnahmen erneute Verstöße im Zusammenhang mit der Website zu verhindern, etwa durch Abmahnung des Kunden und bei derer Erfolglosigkeit die Sperrung der Website.

Seriöse Anbieter werden ohnehin in ihren AGB eine Klausel aufnehmen, welche die Versendung unerwünschter E-Mail-Werbung unter Nutzung der eigenen Infrastruktur verbietet und jedem dagegen verstoßenden Kunden unverzüglich kündigen.

Zugangsprovider und E-Mail-Provider

Nicht verantwortlich für den Spam-Versand sind die Zugangs-Provider, also diejenigen, die den Zugang zum Internet durch die Bereitstellung von Internet-Einwahlknoten, Standleitungen, etwa als DSL- oder Kabelmodemzugänge, oder Funknetzwerkzugänge (WLAN-Hotspots) usw., gewährleisten. Nach § 9 des Teledienstegesetzes (TDG) sind nämlich die Diensteanbieter privilegiert, die lediglich fremde Informationen an Dritte vermitteln, ohne deren Inhalt zu kennen. Eine eigene Haftung des Providers käme jedoch dann in Betracht, wenn der Zugangsprovider mit dem Spam-Versender zusammenarbeitet oder die Übermittlung der Spam-Mails selbst veranlasst.

Die E-Mail-Provider sind ebenfalls in den vorgenannten Grenzen privilegiert. Bei gesicherter Kenntniserlangung von dem Missbrauch eines E-Mail-Accounts oder eines Servers bzw. eines Zugangs sind die Provider jedoch gehalten, die Störung durch entsprechende Neukonfiguration, Sperren des E-Mail-Accounts, der Serveranbindung oder durch sonstige, für sie zumutbare und geeignete Maßnahmen zu beseitigen.

4 Mögliche rechtliche Vorgehensweise

Sobald das Vorliegen der Anspruchsvoraussetzungen feststeht sowie die richtigen Anspruchsgegner ermittelt sind, sollte der Empfänger der Spam-Mail die Verantwortlichen zunächst außergerichtlich kontaktieren und zur entsprechenden Abhilfe auffordern. Dies kann gegen den Versender der Spam-E-Mail mittels einer Abmahnung, verbunden mit der Aufforderung, eine strafbewehrte Unterlassungs- und Verpflichtungserklärung abzugeben, geschehen. Damit verpflichtet sich der Abgemahnte, das Versenden weiterer unverlangter E-Mails zu unterlassen und im Falle eines erneuten Verstoßes einen festgelegten oder von einem Gericht festzusetzenden Betrag an den Abmahnenden zu zahlen.

Wird die Abgabe einer strafbewehrten Unterlassungserklärung durch den Spam-Versender verweigert oder die Angelegenheit schlicht ignoriert, so bleibt juristisch nur noch der Weg vor die Gerichte durch die Erhebung einer Klage oder die Beantragung einer einstweiligen Verfügung.

Da sowohl das außergerichtliche Vorgehen im Wege der Abmahnung als auch die Möglichkeiten der Inanspruchnahme der Gerichte mit zahlreichen Voraussetzungen formeller Natur verbunden sind und im Einzelfall auch eine komplexe juristische Prüfung erfordern können, wird die Hinzuziehung eines Rechtsanwaltes empfohlen.

5 Rechtskonformes E-Mail-Marketing („Permission-Marketing") - ein effektives Tool

Verbraucher reagieren zunehmend verärgert über die Flut unerwünschter E-Mail-Massenwerbung. Immer mehr Internet-Nutzer werden vorsichtiger bei der Weitergabe ihrer E-Mail-Adresse. Sie befürchten die Belästigung mit Werbe-E-Mails, die Weitergabe der Adresse oder dass ein einmal abonnierter E-Mail-Newsletter nicht mehr abbestellt werden kann.

Aus diesem Grunde haben Verbände wie der Deutsche Direktmarketing Verband und eco Richtlinien in Form von Praxisleitfäden und Selbstverpflichtungen für erwünschtes E-Mail-Marketing erstellt.

www.ddv.de/downloads/Service/Ehrenkodex_eMail-Marketing.pdf.
www.eco.de/servlet/PB/show/1075685/Richtlinie_OM_121.pdf

Diese „Richtlinien für erwünschtes Online-Direktmarketing" setzen sich dafür ein, dass Unternehmen ausschließlich E-Mails versenden, wenn diese ausdrücklich vom Empfänger erwünscht sind („Permission-Marketing"). Die Richtlinien erläutern detailliert, wie erwünschtes Online-Marketing praktisch umgesetzt werden kann. Konkret verpflichten sich die angeschlossenen Unternehmen, die in der Richtlinie genannten sieben Regeln einzuhalten:

- Erklärungen in verständlichen Worten
- Interessenten erhalten nur explizit selbst angeforderte Werbung
- Adressen werden nur zum angegebenen Zweck verwendet
- Empfänger können sich selbst vom Verteiler streichen
- Jede Nachricht enthält Hinweis auf Kündigungsmöglichkeit
- Adresse wird nicht ohne Zustimmung weitergegeben
- Umgang mit persönlichen Daten wird in einer Datenschutzrichtlinie erläutert

Elektronische Medien eröffnen vielfältige Möglichkeiten für die Direktansprache von Konsumenten in der Masse. Der Erfolg und die Akzeptanz von elektronischem Direktmarketing mit neuen Medien setzen voraus, dass Kunden Vertrauen haben und sich darauf verlassen können, nicht gegen ihren Willen Werbung zu erhalten. Online-Medien bieten durch ihre Interaktivität dem Kunden die Möglichkeit, jederzeit selbst Einfluss auf Marketingaktivitäten zu nehmen. Damit sind die technischen Voraussetzungen gegeben, um das Recht auf informationelle Selbstbestimmung auch praktisch zu verwirklichen. In dieser Richtlinie werden verbindliche Regeln definiert, nach denen Kunden selbst bestimmen können, von welchen Unternehmen sie in welcher Form elektronische Werbung erhalten:

Im Einzelnen:

5.1 Erklärungen in verständlichen Worten

Ziel von Permission-Marketing ist der Aufbau einer vertrauensvollen, gleichberechtigten Kundenbeziehung. Um dieses Vertrauen aufzubauen, verpflichten sich Unternehmen zu einer klaren, verständlichen Sprache, damit das Vertrauen nicht durch Missverständnisse belastet wird, die bei deutlicherer Erläuterung vermeidbar gewesen wären.

5.2 Interessenten erhalten nur explizit selbst angeforderte Werbung

Interessenten erhalten nur Informationen, die sie vorher explizit angefordert haben. Sie bestimmen selbst, über welches Ausgabemedium (E-Mail, SMS, Telefon) sie Informationen erhalten möchten. Wo angeboten, können Interessenten auch jederzeit Inhalt und Frequenz dieser kommerziellen Kommunikation selbst bestimmen. Die Anforderung regelmäßiger elektronischer Informationsdienste wird bestätigt, wobei mit der Bestätigung auch die Möglichkeit zu einer sofortigen Kündigung des Angebots gegeben wird. Für den Empfänger muss erkennbar sein, von welchem Anbieter er Informationen erhält. Anbieter sollten weitgehend individualisierte Inhalte anbieten und nicht nur Massenversand von Standardnachrichten betreiben.

5.3 Adressen werden nur zum angegebenen Zweck verwendet

Die Verwendung der von Interessenten angegebenen Adresse geschieht ausschließlich zu dem Zweck, der den Interessenten vorab mitgeteilt wurde. Beispielsweise erhält niemand telefonische Produktangebote, wenn vorher die Telefonnummer ausdrücklich nur für den Fall von Rückfragen im Zusammenhang mit einer Bestellung gegeben wurde. Gleiches gilt für E-Mail-Adressen, die angegeben wurden, um über den Lieferstatus zu informieren.

5.4 Empfänger können sich selbst vom Verteiler streichen

Empfänger können jederzeit den Informationsservice abbestellen und erhalten dann mit schnellstmöglicher Wirkung keine weiteren Informationen mehr zugesandt. Die Abbestellfunktion sollte möglichst bequem realisierbar sein und keine vermeidbare Hemmschwelle darstellen. Technisch sollte die Kündigung so einfach und bequem wie möglich durchgeführt werden können. Eventuell kann die Kündigung noch einmal bestätigt werden.

5.5 Jede Nachricht enthält einen Hinweis auf die Kündigungsmöglichkeit

Um die Entscheidung zum probeweisen Bezug von Botschaften möglichst leicht zu machen, sollte dieser Bezug jederzeit bequem wieder zu beenden sein. Dazu enthält jede Botschaft einen Hinweis auf die schnellstmöglich wirksame Kündigungsmöglichkeit.

5.6 Adresse wird nicht ohne Zustimmung weitergegeben

Die eventuelle Weitergabe von Kundenadressen sollte nur auf ausdrücklichen Wunsch von Interessenten stattfinden. Die Erlaubnis hierzu ist durch eine eindeutige Handlung der Interessenten zu erteilen und muss auch deutlich kommuniziert werden.

5.7 Umgang mit persönlichen Daten wird in einer Datenschutzrichtlinie erläutert

Der Nutzer ist möglichst umfassend über die Verarbeitung von Bestands- und Nutzungsdaten zu unterrichten.

6 Kurzvorstellung europäischer und internationaler Anti-Spam-Projekte

6.1 Organisation für wirtschaftliche Zusammenarbeit und Entwicklung (OECD)

Die OECD-Länder haben eine Arbeitsgruppe eingesetzt, um die Anstrengungen der Regierungen, der Wirtschaft und Zivilgesellschaft im Kampf gegen unerwünschte E-Mail-Zusendungen (Spam) zu ordnen und eine umfassende und strategische Antwort auf die durch Spam hervorgerufenen Probleme zu finden.

Die sog. OECD Task Force soll eine stärkere Fokussierung auf wichtige Bereiche im Kampf gegen Spam sicherstellen und die Koordination zwischen verschiedenen politischen Institutionen verbessern. Hauptziele sind die Koordinierung internationaler politischer Maßnahmen beim Kampf gegen Spam, die Förderung bester Praktiken in Industrie und Wirtschaft, die Weiterentwicklung technischer Abwehrmaßnahmen, die Verbesserung der Verbraucherinformation und Öffentlichkeitsarbeit und die Vereinheitlichung der internationalen Rechtsvorschriften. Von der Initiative werden Industrie- wie Entwicklungsländer gleichermaßen profitieren.

Die Task Force, die Mitte 2004 gegründet wurde, hat zwei Jahre Zeit, um vorhandene und entstehende Anti-Spam-Strategien in allen Bereichen zu untersuchen, einen Anti-Spam „Werkzeugkasten" für praktische Lösungen und Regelungen zu entwickeln und zu fördern sowie eine Strategie zur Öffentlichkeitsarbeit zu entwerfen, um globale Anstrengungen im Kampf gegen Spam zu unterstützen.

6.2 Europäische Kommission

Die Europäische Kommission unterstützt nach erfolgreicher Ausführung des „Safer Internet Action Plan" (2002–2005) nunmehr im Rahmen des Programms „Safer Internet plus" (2005–2008) Hotlines (so z. B. die **www.internet-beschwerdestelle.de**), und andere Projekte, die sich dem Kampf gegen unerwünschte und schädliche Inhalte im Internet verschrieben haben.

6.3 London Action Plan

Hochkarätige Mitglieder, insgesamt 19 Vertreter aus 15 Ländern, wirken seit Oktober 2004 zusammen bei den Aktivitäten des London Action Plan: Die US-amerikanische Handelskommission (Federal Trade Commission) ist federführend in diesem Projekt; der Betreiber der ersten Anti-Spam-Hotline in Deutschland, der eco e.V., vertritt die Interessen der deutschen Internetwirtschaft, und die Korean Information Security Agency ist als staatliche Repräsentanz in diesem Kreis ebenso wie das Schweizer Staatssekretariat für Wirtschaft (seco) teilnehmendes Mitglied.

Eine Steigerung der Effizienz beim internationalen Kampf gegen Spam ist das Ziel des Bündnisses, das erreicht werden soll mit Maßnahmen wie:

- Schaffen von schnellen Informationswegen zwischen den teilnehmenden Organen
- Förderung von Antispam-Gesetzen und -Maßregeln
- Umsetzung und Kontrolle von Antispam-Gesetzen
- Bessere Ausbildung in den Ermittlungsbehörden
- Insgesamt schnelleres Aufspüren und Abschalten von Spamschleudern

Die Teilnehmer des London Action Plans bilden eine internationale Arbeitsgruppe, die zum Teil auf Tätigkeiten bestehender Organisationen zurückgreift, wie etwa der OECD.

Im Februar 2005 wurden in einer eintägigen Aktion namens „Spam Sweep" 300.000 Spam-Mails in 30 Ländern untersucht. Dies führte zu 300 grenzübergreifenden Ermittlungsfällen. Im Sommer 2005 führte der London Action Plan ferner eine Operation „Spam Zombies" durch, in der sich zwanzig Mitglieder und sechzehn zusätzliche Behörden schriftlich an über 3000 Internetprovider wandten, um diese zu ermutigen, geeignete Maßnahmen gegen so genannte „Spam-Zombies", also infizierte Rechner, über die Spam verschickt wird, zu ergreifen.

Der London Action Plan trägt vor allem auch dem Umstand Rechnung, dass immer mehr professionelle Spam-Versender international vernetzt arbeiten.

6.4 Contact Network of Spam Enforcement Authorities (CNSA)

Die internationale Vernetzung der Spammer-Szene ist auch der Grund der Gründung des EU-Behördennetzwerkes CNSA.

Die die mit der Bekämpfung von Spam befassten Behörden von 13 europäischen Ländern haben einen Informationsaustausch und die grenzüberschreitende Verfolgung von Beschwerden zur europaweiten Bekämpfung unerwünschter elektronischer Post vereinbart. Sie werden bei der Untersuchung von Beschwerden über grenzüberschreitenden Spam innerhalb der EU zusammen arbeiten, um dessen Urheber überall in Europa leichter ermitteln und verfolgen zu können.

Die Parteien, die sich der Vereinbarung angeschlossen haben, verpflichten sich, sich „bestmöglich" zu bemühen, Beschwerden zu behandeln, die ihnen von anderen Parteien zugeleitet werden, um durch eine umfangreichere Zusammenarbeit das Schließen von Schlupflöchern sicherzustellen, die von „Spammern" und Datendieben ausgenutzt werden könnten.

6.5 SpotSpam

Die europäische Spam-Datenbank SpotSpam soll den grenzüberschreitenden Datenaustausch sowie die wasserdichte gerichtliche Verwertbarkeit der gesammelten Beweise bei der rechtlichen Inanspruchnahme von Spammern unterstützen.

Beschwerden werden von nationalen Spamboxen direkt in die in Kürze aufgesetzte Datenbank weitergeleitet. Technologiepartner ist die Registrierstelle für .pl-Domains Research and Academic Computer Network NASK. Der eco e.V. koordiniert das Projekt, die Europäische Kommission fördert das Projekt im Rahmen des Safer Internet Action Plans und Microsoft EMEA ist Mitinitiator und Industriepartner.

6.6 Microsoft

Microsoft engagiert sich eigenständig, aber auch in Zusammenarbeit mit anderen Organisationen auf internationaler Ebene gegen Spam. So erfolgt ein gerichtliches Vorgehen durch Microsoft gegen Spammer u. a. auf der Grundlage von Erkenntnissen nationaler Beschwerdestellen. Partner in Deutschland ist der eco e.V. mit seiner im Rahmen der internet-beschwerdestelle.de betriebenen Hotline.

6.7 MAAWG

Die Arbeitsgruppe gegen den Missbrauch von Nachrichten / Messaging Anti-Abuse Working Group (MAAWG) vereint Repräsentanten von nahezu einhundert verschiedenen Industrie-Gruppen, Technologie-Netzwerkbetreibern und -Anbietern sowie Regierungs-Agenturen, die sich zum Austausch und zur Diskussion verschiedener Praktiken, Regulierungen und Erfahrungen aus aller Welt zusammengeschlossen haben. Besonderes Augenmerk wird aktuell auf die Aufstellung und den effizienten Einsatz von gemeinsamen Initiativen gelegt, mit deren Hilfe die Bemühungen des privaten und öffentlichen Sektors kombiniert werden sollen, um den Nachrichten-Missbrauch über politische und wirtschaftliche Grenzen hinweg zu verbessern und auf eine höhere Ebene zu bringen.

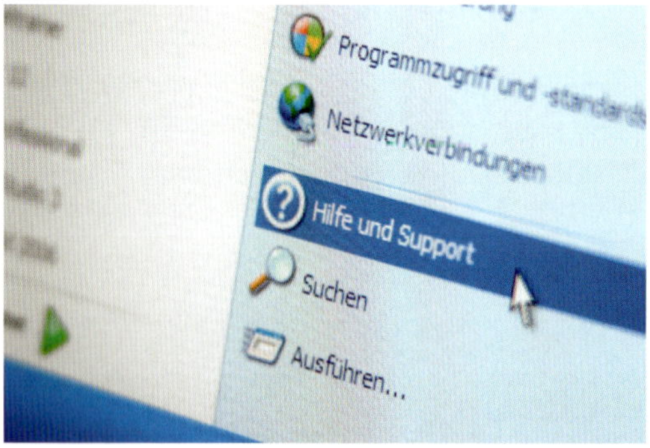

Foto: PhotoCase.com

Neben anderen Projekten sind die MAAWG-Mitglieder dabei, eine Aufstellung der besten Vorgehensweisen zu erstellen – Empfehlungen, die auf realen Erfahrungen basieren – die dann von jedem Netzbetreiber angewendet werden können, um die Gesamt-Effektivität bei der Bekämpfung des Nachrichten-Missbrauchs zu verbessern. Hierzu gehören

- Beschränkung des E-Mail-Verkehrs auf spezielle, berechtigte Ausgangspunkte (Port 25-Verwaltung)
- Verbesserung der Endanwender-Sicherheit durch Autorisierung aller ausgehenden E-Mails (SMTP-Autorisierung)
- Gültigkeitsprüfung von sendenden E-Mail-Adressen und -Systemen

Auch aktuelle Themen, wie die Bekämpfung von Gefahren aus dem Bereich Voice over IP (VOIP) kommen künftig zur Diskussion.

6.8 Certified Senders Alliance (CSA)

Einen anderen, indirekten Ansatz zur Spam-Bekämpfung verfolgt die Certified Senders Alliance CSA, die zur Verminderung der Zahl von „false positives", also der durch die Service-Provider fälschlich als Spam identifizierten und ausgefilterten E-Mails, beiträgt. Hierbei werden gewerbliche Massenversender nach einem streng definierten Katalog von Qualitätskriterien zertifiziert und auf eine zentrale Whitelist gesetzt, auf die die großen ISPs zugreifen. So können wertvolle E-Mail-Adressen, die für Werbezwecke genutzt werden dürfen, auch tatsächlich effektiv eingesetzt werden.

Durch diese zentrale Whitelist, auf der die teilnehmenden Massenversender mit ihren zertifizierten Mailservern verzeichnet sind, können die teilnehmenden Service-Provider feststellen, welcher Versender als „vertrauenswürdig" zu behandeln ist. Im Falle von Beschwerden ist durch entsprechende Verpflichtungen der Teilnehmer eine besonders effektive und schnelle Abhilfe garantiert.

7 Anhang

A Anbieter von Filtersystemen für Mailserver

(ohne Anspruch auf Vollständigkeit)

→ Clearswift	www.clearswift.de
→ GROUP Technologies	www.group-technologies.com
→ eleven	www.eleven.de
→ SurfControl	www.surfcontrol.com
→ All about IT / Spamkiss	www.allaboutit.lu, www.spamkiss.com
→ ClaraNet	www.de.clara.net/security/spamvirprotect
→ Entici	www.entici.de
→ ESC	www.esc.de
→ netintelligence / Iomart	www.netintelligence.com/de
→ it-sec	www.it-sec.de
→ Kaspersky Labs	www.kaspersky.com/de
→ VIA NET.WORKS Deutschland GmbH	www.vianetworks.de
→ Kippdata	www.kiesa.net
→ Optisoft	www.optisoft.de
→ Retarus	www.retarus.de
→ Commtouch / Sybari	www.commtouch.com, www.sybari.ws
→ FrontBridge Technologies	www.frontbridge.com
→ BT Syntegra	www.btsyntegra.com
→ Webwasher	www.webwasher.com
→ Pallas GmbH	www.pallas.com
→ Sophos	www.sophos.de

B Anbieter von lokalen Spamfiltern

(ohne Anspruch auf Vollständigkeit)

→ Windows Anti-Spam Tools 1 (kostenlos)	**www.tucows.com/spam95.html**
→ Windows Anti-Spam Tools 2 (kostenlos)	**email.about.com/cs/winspamreviews**
→ AntiSpamWare	**www.antispamware.de**
→ eXpurgate (kostenlos)	**www.eleven.de**
→ K9 (kostenlos)	**keir.net/k9.html**
→ Mailshield Desktop	**www.lyris.com**
→ Mailwasher Pro	**www.mailwasher.net**
→ Mozilla (kostenlos)	**www.mozilla.org**
→ Heise iX-Magazin	**www.heise.de/ix/nixspam**
→ No Spam Today	**www.paessler.com**
→ Pac Spam light (kostenlos)	**www.heitho.de**
→ SalMoN (kostenlos)	**is.rice.edu/~wymanm/smn**
→ Spamagent (kostenlos)	**www.spytech-web.com**
→ Spam Assassin (kostenlos)	**spamassassin.org**
→ Spambully für Outlook	**www.spambully.com**
→ SpamEater Pro	**www.hms.com/spameater.asp**
→ SpamFlush (kostenlos)	**www.winutil.de**
→ Spamihilator (kostenlos)	**www.spamihilator.com**
→ SpamKiller	**www.spamkiller.com**
→ SpamPal (kostenlos)	**spampal.spxs.net**
→ SuperSpamKiller Pro	**www.superspamkiller.de**
→ The Spam Bouncer (Linux) (kostenlos)	**www.spambouncer.org**
→ The Killer	**www.2killspam.com**

8 Die Aktionslinie Hessen-IT

Hessen-IT ist die Aktionslinie des Hessischen Ministeriums für Wirtschaft, Verkehr und Landesentwicklung für den gesamten IT-Markt in Hessen. Hessen-IT bietet Informationen und Services zum Online-Markt, zu E- und M-Commerce, zu Software- und Telekommunikationsanbietern sowie über Telearbeit. Angesprochen werden auf der einen Seite die über 9.300 hessischen Anbieter, die Produkte oder Dienstleistungen auf dem Informationstechnologie-Markt anbieten, auf der anderen Seite die kleinen und mittleren Anwender-Unternehmen.

Anbieter-Datenbanken erleichtern die Suche nach geeigneten Dienstleistern bei der Durchführung von IT-Projekten. Gleichzeitig fungieren diese Datenbanken für Anbieter als Informations- und Kommunikations-Plattform, auf der sich diese den Anwendern und potenziellen Kunden präsentieren können.

Newsticker, E-Mail- und Print-Newsletter berichten regelmäßig über den IT-Markt in Hessen. Veröffentlichungen aus der umfangreichen Hessen-Media Schriftenreihe ergänzen das Informationsangebot der Website, das jedoch weit über das Print-Angebot hinaus geht. Die Broschüren können bequem online bestellt oder heruntergeladen werden.

Hessen-IT hat verschiedene Netzwerke und Branchentreffs initiiert, in denen sich teils nichtkommerzielle Initiativen, teils kommerzielle Anbieter zusammengeschlossen haben. Regionale Multimedia- und E-Commerce-Zentren sowie IHKs, Handwerkskammern und andere regionale Akteure arbeiten zusammen an dem Ziel, Hessens Weg in die Informationsgesellschaft voran zu bringen.

Einen Überblick über diese Netzwerke und Treffs sowie Terminankündigungen zu Veranstaltungen, an denen sich Hessen-IT beteiligt, findet man im Online-Terminkalender auf der Website. Denn auch bei internationalen Messen wie der CeBIT oder bei regionalen Veranstaltungen in ganz Hessen sind kompetente Ansprechpartner der Aktionslinie präsent. Hinzu kommen Seminare und Workshops, die Hessen-IT zu verschiedenen Themen ausrichtet.

Der monatliche IT-Dialog Hessen sorgt neben dem vielfältigen virtuellen Informationsangebot für den realen Kommunikationsaustausch innerhalb der hessischen IT-Branche und der Landesregierung und rundet somit das Leistungsangebot ab. Besuchen Sie unsere Webseiten unter

www.hessen-it.de

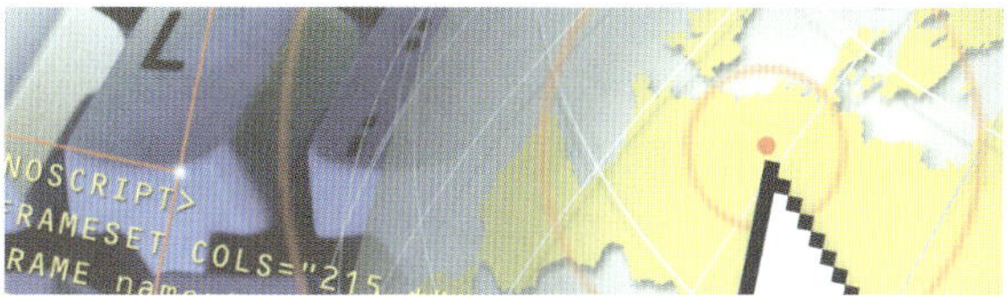

9 Hessen-Media: Eine Initiative setzt Zeichen

Mit der Landesinitiative Hessen-Media leistet die Hessische Landesregierung einen aktiven Beitrag zur Gestaltung des digitalen Zeitalters. Mit einem Bündel von Projekten, Initiativen und Aktionslinien ebnet sie den Weg zur Informations- und Wissensgesellschaft in Hessen.

Zielsetzung von Hessen-Media ist die Entwicklung und Verbreitung neuer Informations- und Kommunikationstechnologien und deren Anwendung in Wirtschaft, Privathaushalten und im öffentlichen Sektor, an der Schnittstelle zu Bürgern und Wirtschaft. Hessen-Media fördert Pilot- und Modellprojekte aus allen Lebens- und Arbeitsbereichen. Dazu gehören:

- Bildung und Wissenschaft
- Gesundheit
- Umweltschutz
- Verkehr
- Wirtschaft
- Verwaltung
- Gesellschaft und Soziales
- Multimedia und IT
- Kultur

In der Landesinitiative Hessen-Media arbeiten Wirtschaft, Wissenschaft und Politik gemeinsam am Ziel, Hessens Position in der Spitzengruppe europäischer Medien- und IT-Standorte zu festigen und auszubauen.

Zusammengefasst stehen für die Landesinitiative Hessen-Media bei der Projekttätigkeit und der Öffentlichkeitsarbeit vier Schwerpunkte im Vordergrund:

- Stärkung der Medien- und IT-Wirtschaft in Hessen
- Heranführung neuer Nutzergruppen an die Neuen Medien
- Verbesserung der Medienkompetenz und Qualifizierung im Umgang mit den Neuen Medien
- Marketing für den Medien- und IT-Standort Hessen

Um diese Ziele zu erreichen, konzentriert sich Hessen-Media neben der Initiierung von Pilot- und Modellprojekten auf die Planung und Durchführung von hessischen Firmen-Gemeinschaftsständen auf zahlreichen Messen der Branche, auf die Vermittlung von Medienkompetenz, die Beratung und Begleitung der hessischen Klein- und Mittelbetriebe, die Bereitstellung von Marktübersichten (beispielsweise die Online-Anbieter-Datenbank unter **www.hessen-it.de**) und eine breite Öffentlichkeitsarbeit, die über die Anwendungsmöglichkeiten interaktiver Dienste und Neuer Medien informiert.

Sind Sie neugierig auf Hessen-Media? Über unser Internetportal

www.hessen-media.de

erhalten Sie vielfältige Informationen zur Landesinitiative mit Kontaktadressen und Ansprechpartnern konkreter Projekte. Zusätzlich finden Sie dort die neuesten Meldungen aus der hessischen Medien- und IT-Branche und einen Terminkalender mit den wichtigsten Veranstaltungshinweisen. Darüber hinaus können Sie hier den kostenlosen E-Mail-Newsletter der Landesinitiative abonnieren, der für Sie alle 14 Tage kostenlos die neuesten Meldungen aus der hessischen Medienbranche / Medienpolitik in kompakter Form zusammenfasst.

Kontakt:

Geschäftsstelle Hessen-Media
c/o HA Hessen Agentur GmbH
Abraham-Lincoln-Straße 38-42
65189 Wiesbaden

Hessen Media

Telefon 0611 774-8481
Telefax 0611 774-8620
E-Mail info@hessen-media.de
Internet www.hessen-media.de

Schriftenreihe Hessen-Media

Bestellmöglichkeit und Download als PDF-Datei finden

Sie im Internet unter www.hessen-media.de

Hessen-Media (wir über uns)

Bildung und Wissenschaft

E-Government

Marktstudien IT-Standort Hessen

Leitfäden für IT-Anwendungen

2007 **Web 2.0 – Neue erfolgreiche Kommunikationsstrategien für kleine und mittlere Unternehmen** (Band 57)

Die Gamesbranche – ein ernstzunehmender Wachstumsmarkt (Band 59)

In modernen Märkten überleben – Kooperationen mittelständischer Softwareunternehmen in Hessen (Band 44, 2. Auflage)

2006 **Internet-Marketing nicht nur für kleine und mittlere Unternehmen** (Band 52)

Basel II – Rating für IT-Unternehmen (Band 53)

RFID – Geschäftsprozesse mit Funktechnologie unterstützen (Band 54)

Anti-Spam – Ein Leitfaden über und gegen unverlangte E-Mail-Werbung (Band 55)

VoIP – Telefonieren über das Internet (Band 56)

Leitfaden Webdesign – Internetpräsenzen besser planen und gestalten (Band 7, 5. Auflage)

2005 **Leitfaden zur Patentierung computerimplementierter Erfindungen** (Band 51)

Recht im Internet (Band 33, 2. Auflage)

Gefunden werden im Internet (Band 32, 2. Auflage)

2004 **Wettbewerbsvorteile durch barrierefreie Internetauftritte** (Band 48)

Domainregistrierung international (Band 47)

Wireless-LAN: Stand und Entwicklungspotenzial, Nutzungsansätze für KMU (Band 46)

2003 **E-Business-Konzepte für den Mittelstand** (Band 45)

Leitfaden „In modernen Märkten überleben" (Band 44)

Projektleitfaden „Software-Ergonomie" (Band 43)

„Digitale Signatur", Leitfaden zum Einsatz digitaler Signaturen (Band 42)

Die Bedeutung der E-Logistik für den Mittelstand (Band 41)

Management von Kundenbeziehungen im Internet (Band 40)

Leitfaden „Webdesign – Internetpräsenzen besser planen und gestalten" (Band 7)

2002 **IT-Sicherheit für den Mittelstand** (Band 38)

E-Paymentsysteme – Bezahlen im Internet (Band 35)

ASP: Mehr als nur Mietsoftware (Band 34)

Recht im Internet (Band 33)

Gefunden werden im Internet (Band 32)

2002 **E-Learning für KMU – Neue Medien in der betrieblichen Aus- und Weiterbildung** (Band 31)

Telehaus Wetter – ein TeleServiceZentrum (Band 30)

2001 **Kasseler Praxis-Dialog Tele@rbeit – Analysen · Erfahrungen · Positionen** (Band 29)

2000 **Leitfaden „Webdesign international"** (Band 22)

E-Shop-Software (Band 20)

Hessische Handwerker entdecken das Internet (Band 19)

Leitfaden zur Anwendung eines Ratingsystems für IT-Unternehmen in Hessen (Band 18)

Software-Dialog Hessen (3) (Band 17)

Leitfaden „E-Shop" (Band 16)